JN438660

비밀번호

노혜숙 수필집
비밀번호

인쇄 2015년 11월 20일
발행 2015년 11월 30일

지은이 노혜숙
발행인 서정환
펴낸곳 수필과비평사
주소 서울시 종로구 삼일대로 32길 36(익선동 30-6 운현신화타워 빌딩) 305호
전화 (02) 3675-5633, (063) 275-4000 · 0484
팩스 (063) 274-3131
이메일 sina321@hanmail.net essay321@hanmail.net
출판등록 제300-2013-133호
인쇄 · 제본 신아출판사

ISBN 979-11-5933-002-5 03810
값 13,000원

이 도서의 국립중앙도서관 출판예정도서목록(CIP)은 서지정보유통지원시스템 홈페이지(http://seoji.nl.go.kr)와 국가자료공동목록시스템(http://www.nl.go.kr/kolisnet)에서 이용하실 수 있습니다.(CIP제어번호: CIP2015032009)

Printed in KOREA

이 책은 인천문화재단과 한국문화예술위원회 지역협력형사업으로 일부를 지원받아 제작되었습니다.

비밀번호

노혜숙 수필집

수필과비평사

작가의 말

환상을 걷어내고 바라보는 세상은 어둡고 서늘합니다. 자본의 화려한 치장에 가려진 뼈대가 보입니다. 뼈대를 직시하는 일은 혼란스럽고 불편합니다. 현실인식에서 오는 각성이겠지요. 냉혹한 현실에서 진실을 발견하는 일은 쉽지 않습니다. 미망에서 개안으로 건너가는 과도기가 이런 것인가 싶습니다. 서정은 멀어지고 건조한 감성이 일상을 지배합니다. 그럼에도 결론은, 나를 둘러싼 이 황량한 사막이 나를 키웠으며 내가 살아가야 할 토양임을 받아들여야 한다는 것입니다.

저는 온건한 현실주의자가 되었고 좀 뻔뻔해졌습니다. '괜찮아, 그럴 수도 있지.' 이렇게 자신을 합리화하는 일이 많아진 것이지요. 도달하지 못할 높은 잣대를 들이대며 고달프게 살아온 자신에 대한 보상심리인지 모릅니다. 끝내 미완일 수밖에 없는 인간과 삶을 긍정하면서 비로소 존재의 모순과 타협하게 된 것일 수도 있지요. 그 타협이란 게 건강한 자기 긍정의 토대 위에서 뼈대도 치장도 삶의 한통속으로 받아들이는 의미여야 함을 압니다.

이번 책에는 미망의 터널을 막 빠져 나온 사람의 혼란과 기진맥진함이 반영되어 있을 터입니다. 쓰지도 달지도 않은 정체불명의 맛을 사람들에게 내놓아야 한다는 자괴감이 큽니다. 그렇다고 내일은 더 나아질 거라는 약속으로 부끄러운 현재를 모면하고 싶지 않습니다. 지금 선 자리에서 현실을 따뜻하게 품어 안는 내면의 힘을 키워 자신과 이웃을 어루만지는 글을 쓸 수 있도록, 구멍 난 각覺의 그물을 깁고, 무뎌진 감感의 모서리를 세우면서 초심으로 돌아갈 것입니다. "이 가혹한 시대에도 문학의 서정은 계속되어야 한다. 그것이 인간의 황폐하는 영혼을 치유할 수 있다고 믿기 때문이다."라고 한 어느 작가의 말에 동의합니다. 물론 거짓 위로가 아닌 진정성을 담보로 한 것이어야겠지요.

이제 제 가난한 글 농사의 남세스러움을 무릅쓰고 세 번째 분신을 세상에 내보냅니다. 한 시대에 태어나 글 인연이 되어 준 모든 존재 앞에 마음의 큰 절 올립니다.

2015년 늦가을 노혜숙

| 차례 |

제1부
어루만지다

제2부

쉼표를 연주하다

제3부

늙지 않는 성

제4부

먼길

제5부

괜찮다

제1부

어루만지다

첫사랑

주위를 살폈다. 아무도 보이지 않았다. 손에 들고 있던 도시락을 덤불숲에 던졌다. 딸그락, 빈 도시락에서 수저가 날카로운 쇳소리를 냈다. 가슴이 콩닥거렸다. 머리 위에선 큰 매가 원을 그리며 날았다. 집으로 가는 길은 멀었고, 나는 가파른 잿길을 어질어질 현기증을 일으키며 겨우 걸었다.

이튿날 담임선생에게 불려 나갔다. 도시락의 행방을 물었다. 고개를 숙인 채 우물거렸다. 대답이 미처 끝나기도 전에 손바닥에 회초리가 떨어졌다. 아이들이 키득거렸다. 선생은 도시락을 덤불숲에 버려두고 간 이유를 물었다. 나는 끝내 대답하지 못했다.

젖가슴이 부풀어 오를 나이였다. 조숙한 아이들은 총각 선생이었던 담임에게 연정을 품었다. 하숙을 하던 선생은 종종 빈 도시락을 집에 가져가는 심부름을 시켰다. 여자아이들은 서로 그 일을 하기 위해 다툼을 벌였다. 숫기가 없던 나는 안타깝게 차례가 돌아오기만 기다렸다.

마침내 선생이 나를 불렀다. 나는 선생의 눈을 똑바로 보지 못했다. 선생은 등을 토닥이며 도시락을 건넸다. 닳아서 반질반질해진 나일론 잠바가 그날처럼 창피해본 적은 없었다. 교문을 나서는데 눈치 빠른 친구들이 등 뒤에서 놀려댔다. "좋아한대요, 좋아한대요! 얼레리꼴레리 얼레리꼴레리!" 얼굴이 화끈거렸다. 나는 도시락을 움켜쥔 채 뛰었다.

분한 것도 같고 부끄러운 것도 같았다. 아니라고 소리라도 버럭 질러줄 걸. 얼굴이 벌개져서 그냥 도망쳐 온 것이 더 속상했다. 등줄기에선 식은땀이 흘렀고, 김칫국물이 배인 도시락 보자기에선 신김치 냄새가 났다. 귓가에는 친구들의 외침이 맴맴 돌았다. 와락 눈물이 쏟아졌다. 나는 움켜쥐고 있던 도시락을 덤불숲에 던졌다.

그 이후 선생은 다시는 아이들에게 도시락 심부름을 시키지 않았다. 나는 잿길을 지날 때마다 도시락을 버렸던 길섶을 기웃거렸다. 도시락은 간데없고 덤불숲에선 마른 잎들만 버석거렸다. 옆구리를 스치던 아릿한 허기, 그땐 그것이 무언지 몰랐다. 그해 겨울은 모질게 추웠고, 나의 첫사랑도 싱겁게 끝이 났다.

허공에 쓴 연서

어머니 유품으로 옷을 지어 입었다. 황금색 바탕에 목단이 탐스럽게 수놓아진 노방 원피스였다. 목둘레는 꽃주름을 잡아 모양을 냈고 치마폭은 풍성하게 넣어서 우아한 느낌을 주었다. 안감은 살구색 시폰 소재를 받쳐 훤히 비치는 속살을 가렸다.

그 원피스를 입고 모임에 나갔다. 사람들은 노골적으로 호기심 어린 질문을 퍼부었다. 도대체 마음에 무슨 변화가 생겼냐는 것이었다. 딱히 그럴 만한 일이 없었기에 편하게 웃어 넘겼다. 굳이 어머니의 유품 이야기까지 들춰내고 싶지는 않았다. 허구한 날 우중충하니 사감선생 같은 옷을 입다가 어느 날 갑자기 나비 날개 같은 옷을 입고 등장했으니 궁금증 많은 여인네들의 입이 근질거렸을 만도 했다.

생전에 친정 어머니는 고운 색 옷을 즐겨 입었다. 돌아가실 때까지 원색의 꽃무늬가 들어가지 않은 옷은 거들떠보지도 않았다. 처녀시절부터 어머니는 자기 표현에 솔직하고 당당한 여성이었다. 외할머니에게 머리를 잘려가면서도 흰 광목에 검은 물을 들여 입었고, 치마 길이도 껑충 줄여 입었다. 종아리만 내놓아도 허물이 되던 시절이었다.

고지식했던 나는 알록달록한 꽃무늬 옷에 대해 편견을 가지고 있었다. 대개 방정치 못한 여인네들이 입는 촌스러운 옷쯤으로 여겼다. 내가 그런 생각을 갖게 된 데는 어릴 적 들은 소문의 영향도 컸다. 아랫동네 아무개 엄마는 늘 화려한 꽃무늬 옷에 진분홍 루주를 바르고 다녔는데 어느 날 장돌뱅이와 바람이 나서 야반도주를 했다는 것이었다. 어머니가 학교에 올 일이 있으면 옷차림부터 단속했다. 무조건 점잖다는 소리를 들어야 했다. 당신 딴에는 신경을 쓴다고 써도 내 성엔 차지 않았다. 그 바람에 나는 까다로운 맏이란 소리를 듣고 자랐다.

나이가 들어서도 나는 어머니한테 한번도 곱다는 말을 한 적이 없었다. 그렇기는커녕 시시콜콜 트집을 잡았다. 화장이 짙다는 둥, 옷 색깔이 너무 튄다는 둥, 머리 스타일이 안 어울린다는 둥…. 어머니는 다만 어머니일 뿐, 여자라는 생각을 하지 않았던 것이다. 다른 사람에겐 절대 질 일이 없는 어머니도 자식에겐 무량 유순하셨다. "그냥 둬라 얘. 살믄 얼마나 산다구." 그게 다였다.

오십 어름이 되자 나도 슬슬 색깔 있는 옷이 눈에 들어왔다. 촌스럽다고 눈길도 주지 않았던 분홍, 빨강, 노랑 같은 원색 옷들에 손이 갔다. 루주 색도 짙어졌다. 나뿐 아니라 또래 여성들의 옷 고르는 취향이 어슷비슷했다. 고운 옷을 지어 입었던 어머니의 마음이 그와 별달랐으랴.

유품으로 지은 원피스를 입고 외출했다 돌아온 저녁, 현관 거울에 비친 나를 보았다. 거기 어머니를 빼닮은 한 여자가 서 있었다. 그 밤 내내, 회한에 젖어 부칠 수 없는 연서를 허공에 썼다. 당신처럼 고운 어머니는 세상에 없었노라고.

숨어 울기 좋은 방

내겐 혼자 '숨어 울기 좋은 방'이 있다. 세상에 오직 혼자라고 느낄 때 나는 그 방에 간다. 한 사흘 갇혀 오직 그와 독대하다 보면 어지럽던 마음이 제 물길을 찾아 흘러간다.

지난겨울이었다. 들길을 걷는데 어디선가 남자의 노랫소리가 들려왔다. 인적이 드문 허허벌판이었다. 사방을 둘러보았지만 사람은 눈에 띄지 않았다. 노랫소리는 바람에 실려 끊어질 듯 이어질 듯 들려왔다. 길은 두 마을을 가로지르는 굴다리로 연결되고 있었다. 굴다리 가까이 다가가서야 나는 그 안에 사람이 있다는 사실을 알아차렸다. 인기척이 나자 남자는 고개를 숙인 채 소리를 낮췄다.

영하의 날씨에 남자는 외투도 걸치지 않은 허름한 양복 차림이었다. 벗어진 이마에 머리숱은 성글었고, 야윈 어깨는 굽어서 처져 있었다. 한눈에 보아도 초로에 든 남자라는 것을 알 수 있었다. 나는 느린 걸음으로 남자를 지나쳐 갔다. "오늘도 걷는다마는… 정처 없는 이 발길…지나온 자국마다…눈물 고였네…." 반쯤 울음이 섞인 노래였다. 가던 길을 돌아서서 남자를 바라보았다. 그의 등 뒤로 붉은 노을이 번지고 있었다. 거친 바람이 빈 들판을 달려와 마른 억새를 한바탕 흔들고 지나갔다. 나는 사연도 모른 채 가슴이 시렸다.

차림새로 보건대 농사를 짓는 사람은 아닌 성싶었다. 그렇다고 어엿번듯한 일자리가 있는 행색도 아니었다. 어쩌면 얼마 남지 않은 전답 몇 뙈기 팔아 달라고 홀로 있는 노모를 찾아온 길인지도 모를 일이었다. 차마 떨어지지 않는 발걸음을 서성이노라니 견딜 수 없는 회한에 복받쳤던 게 아닐까. 굴다리는 인가와 꽤 떨어져 있었다. 그 안에서는 온전히 자기 모습을 감출 수 있었다. 괴성을 지른들 알아들을 리 없는 외진 곳이었다. 그래, 혼자 울 공간이 필요했는지도 모른다. 나는 가능한 빨리 남자와 멀어지기 위해 걸음을 재촉했다.

왜 그렇게 혼자 아파야 했을까? 나는 정체도 모르는 남자의 울먹임 때문에 저녁내 마음이 편치 않았다. 지난번 모임에서 저마다 내가 더 외롭다고 강변하던 지인들의 젖은 음성도 메아리처럼 울려 왔다. 칠순의 노신사는 혼자 외로운 것보다 둘이 외로운 것은 더 죽을 맛이라고 말했다. 오십 초반의 노처녀는 혼자 사는 외로움보다 더 큰 외로움이 있겠냐고 받아쳤다. 그러자 잘나가는 화가 여교수가, 둘이 살다 혼자 된 외로움은 무엇보다 견디기 힘든 것이라고 못을 박았다. 외로움도 한 종류, 한 색깔이 아니었다. 사람에 따라 느끼는 질량도 제각각이었다. 남의 암보다 내 감기가 더 아프게 느껴지는 법이라던가. 서글프게도 그중 누구도 가족에게 자기 외로움을 토로하고 나누었다는 사람은 없었다. 저마다 외딴 섬이었다.

"외로워 외로워서 못살겠어요." 젊어서는 그 노랫말을 천박하게 여겼다. 그렇게까지 내색할 게 무어냐고 생각했다. 외로움에 연연하기에는 사는 일이 더 목을 죄던 시절이었다. 이따금 외로운 느낌이 스칠 때마다 나는 질병 취급하듯 경계하고 감추었다. 원인을 찾아서 해결하면 된다고 단순하게 생각했다. 마음만 먹으면 충분히 이성으로 극복할 수 있다고 믿었다. 그러나 나는 천성적으로 외로움을 잘 타는 성격이어서 날마다 이성과 감성 간의 치열한 싸움을 해야 했다. 내가 진작 외로움이 인간의 보편적 감정이라는 사실을 깨달았다면 그토록 오래 무모한 싸움을 하지는 않았으리라.

책은 내게 '숨어 울기 좋은 방'이다. 오로지 책과 독대하면서 나를 다독이는 시간을 갖는다. 자신조차 타인이 되는 관계의 진공 속에서 깨닫는다. 저마다 반짝이지만 따로 떨어져 빛나는 별들처럼 인간은 그렇게 각자 존재하는 운명이라는 것을. 그러나 인人이라는 글자가 상징하듯 인간은 혼자 살 수 없기에 존재의 딜레마가 발생한다는 것을. 사용법에 따라 외로움은 삶의 밑거름이 될 수 있고, 또 그 심연의 깊이만큼 밀도가 촘촘해질 수 있다는 것을. 동시에 외로움을 가중시키는 사회적 요인들과 허망한 위로들을 경계해야 한다는 것을. 무엇보다 외로움에 질식해서 자기 안의 반짝이는 생명의 불빛을 꺼트려선 안 된다는 것을.

마침내 외로움으로 경화되었던 정신줄이 말랑해지면 나는 책과의 독대를 끝낸다. 그리고 '숨어 울기 좋은 방'에서 나와 다시 인간들 속으로 걸어간다. "인간에 대한 지독한 환멸과 그에 따른 외로움에도 불구하고 그들에 대한 의무를 다하는 것이 더 좋은 삶의 비결"이라고 믿었던 아우렐리우스처럼 그래도 사람 속에서 삶의 온기와 의미를 찾을 수 있기 때문이리라.

들길의 굴다리는 그 남자의 '숨어 울기 좋은 방'이었는지 모른다. 눈물 어린 그의 노래는 꺼져가는 자기 안의 불빛을 살리려는 안간힘이 아니었을까. 겨울 빈들에 억새 스치던 바람소리 귓가에 아련하다.

비밀번호

비밀번호를 누른다. 기척이 없다. 늘 사용해 오던 번호다. 다시 꾹꾹 눌러봐도 여전히 침묵이다. 그래도 내 기억을, 내 믿음을 의심하지 않는다. 끝내 그에게 들어가는 문은 열리지 않고 나는, 밖에 서 있다.

인상은 그 사람이 살아온 내력을 반영한다. 그만의 독특한 삶의 흔적이 담긴 지문 같은 것이다. 한 사람을 이해한다는 것은 그 얼굴의 내력, 즉 표정 하나하나에 담긴 희로애락의 골과 마루를 헤아리는 것일 테다. 표정은 삶의 어둠을 감추면서 드러내는 일종의 기호이다. 그런 점에서 비밀번호와 닮았다.

표정은 수많은 인연들과 스치며 그려진다. 인연 따라 한 표정이 파생되면서 새로운 인상을 만들어간다. 그때마다 비밀번호도 다채롭게 바뀐다. 이는 수시로 바뀌는 상대의 비밀번호를 해독해야 함을 의미한다.

우연히 비밀번호를 맞혀 문이 열리고 타인 안으로 들어갈지라도 그것은 아주 잠시뿐일 확률이 높다. 내가 겨우 그의 표정을 이해한 순간 그는 이미 다른 표정, 다른 비밀번호를 만들어낸다. 두 사람이 끝내 완전한 일치를 이루기 어려운 이유가 그 때문이리라.

경솔하게 속을 털어놓고 후회한 적이 있다. 내 말이 끝나기 무섭게 상대는 딱하다는 듯 받아친다. 뭘 그런 걸 가지고 마음을 끓이냐고. 그냥 깜냥대로 살라고. 그리고 치명적인 한마디를 덧붙인다. 그런 일에 목매는 사람인 줄 몰랐다고. 순간 가슴 속에서 요란한 경고음이 울린다. 역린을 건드리는 가시 앞에 마음이 쾅, 닫히는 소리다.

나 역시 성급하게 답을 건네다 오해를 산 적이 많다. 애써 건넨 위로가 도리어 상대의 노여움을 불러일으킨 것이다. 내 가늠으로 타전하는 신호는 에러가 나기 십상이다. 에러가 에러를 낳으면서 서운함과 원망의 세포도 증식한다. 그 결과 서로 닫힌 문 밖에서 외로워한다.

얼마나 많은 시간 타인의 마음으로 들어가는 암호를 알아내기 위해 고심했던가. 겨우 문을 열었다 싶은데 또 하나의 문이 가로막고 있을 때의 아득함이라니. 우리 삶의 기록을 엑스레이로 찍는다면 잘못 짚은 고투의 흔적으로 흥건할 것이다.

순간순간 바뀌는 타인의 마음을 해독하는 일은 평생 숙제일 터다. 인간의 기술은 블루투스를 사용할 만큼 진보했으면서도 정작 마음과 마음의 연결 장치에 대해서는 조금도 진화하지 못한 존재다.

마음에 접근하는 키워드는 비판적이고 논리적으로 사유하는 능력보다 상대방의 어둠을 읽을 수 있는 따뜻한 감수성이다. 찾아내는 데 시간이 걸리기는 하지만 답은 분명 우리가 아는 것 사이에 있을 것이다. 그러나 센서는 사람마다 다르므로 오직 한 가지 작동법으로 다룬다면 제대로 기능을 발휘하지 못할 수 있다는 점도 유의해야 하리라.

딱하게도 나는 수많은 표정을 만들다 내게로 들어가는 비밀번호마저 잊어버리고 자신을 바깥에 가두었다. 스스로 벽이 되어 나를 내 안에 들이지 못한 것이다. 아니, 알량한 자존심이나 이기심 때문에 외면한 것인지도 모른다. 내 안으로 들어가는 비밀번호도 모르면서 타인에게 들어가는 비밀번호를 알려고 하다니.

돌이켜보면 비밀번호를 잘못 눌러 쓸쓸히 돌아선 적이 얼마나 많았던가. 그것도 가장 가깝다고 생각하는 사람, 가장 정확하게 알고 있다고 믿는 사람의 문 앞에서. 오랜 시행착오 끝에 깨닫는다. 비밀은 어둠처럼 완고하여 영원히 그 실체를 드러내지 않는다는 것을. 살아 있는 존재의 변화는 불가항력이며 비밀번호의 올바른 해독은 개체의 다름과 독립성을 인정하고 수용하는 것임을. 그럼에도 나는 다시 비밀번호를 누른다. 세상에 사는 동안 '너'는 영원히 '나'의 문일 것이므로.

어루만지다

문이 조용히 꼭, 닫힌다. 문틈으로 새어나온 습한 바람이 가슴에 얹힌다. 나는 문고리를 어루만지며 방 안의 기척을 살핀다. 문 저쪽이 피안처럼 아득하다. 무심한 말 한마디에 처진 어깨를 보이며 안으로 숨어버린 그의 마음을 헤아린다.

그는 책상 앞에 앉아 있을 것이다. 또 무언가를 끼적이고 있으리라. 그는 아직도 공책과 연필을 사용한다. 필경사처럼 공들여 글씨를 쓴다. 나는 그 느린 시간이 아깝다. 그가 써 놓은 내용들을 몰래 본 적이 있다. 역사 속 인물에 관한 가계도였다. 아주 세세한 면까지 꼼꼼하게 체크되어 있었다. 도대체 그 사람이 우리와 무슨 상관이란 말인가. 나는 오직 실용성을 잣대로 현실감 없고 실속 없는 메모에 냉소를 던졌다. 그 메모가,

그것을 끼적이던 시간이 그에게 어떤 의미인지는 묻지 않았다.

그의 하루 일과 중에 빠지지 않는 코스가 있다. 일정한 시간대에 텔레비전을 보는 것이다. 늘 앉던 자리, 소파 한 귀퉁이가 그의 지정석이다. 나는 그가 어떤 채널을 선택할 것인지 알고 있다. 하루도 어긋남 없이 아침 토크 프로에 이어 드라마를 연속 방영하는 채널에 시선을 고정시킨다. 돈과 권력을 놓고 벌어지는 노골적인 아귀다툼, 상대는 타인도 이웃도 아닌 가족들이다. 고상함에 품위를 잔뜩 갖춘 신사숙녀들이 벌이는 막장 드라마로 집안이 온통 시끄럽다.

드라마 삼매경에 빠진 그의 뒤통수에 대고 눈을 흘긴다. 백 가지가 넘는 채널 중에 하필 왜 드라마인가. 각종 다큐에 시사 경제, 인문학 등 교양 프로그램이 얼마나 많은데. 극중 인물을 따라 그의 미간이 접혔다 펴졌다 한다. 갑자기 말울음 같은 웃음을 날리기도 하고 시무룩 눈물을 찍어내기도 한다. 보다못해 '남정네가 뭐하는 짓이냐.'고 퉁을 주면 넉살좋게 받아친다.

"인생 뭐 별거 있냐. 단순하고 솔직하게 사는 게 인간적이야. 고급지다고 별다를 거 없어."

내 속을 훤히 들여다본 듯한 말이다. 그는 복잡한 것을 끔찍하게 싫어한다. 나는 그의 단순함에 수없이 좌절했고 그는 나의 복잡함을 평생 불편해 하며 살았다. 참 고집스럽게도 싸웠다. 승자는 없었다. 남은 건 상처뿐. 난 '고급진' 남자와 한번 살아보고 싶다. 그 이유의 절반이 허영일지라도. 그는 결코 같은 꿈을 꾸지 않을 것이다. 나를 통해 '고급집'의 실체를 뼈저리게 경험했을 터이므로.

드라마로 120분을 너끈히 죽여 버린 그는 비스듬히 소파에 기대어 졸기 시작한다. 꿈을 꾸는지 덥수룩한 턱이 씰룩거린다. 벌어진 입 사이로 진작 투지를 접은 성근 이빨이 보인다. 한때는 사랑을 나누던 입, 이젠 아무도 유혹하지 않는 입, 세끼 밥이 드나드는 때 외엔 거의 열리지 않는 문이다. 이기적이고 까칠한 아내 때문에 무시로 혼자 삼켰을 말들. 고여서 썩은 뒤에야 나는 주섬주섬 유효기간이 지난 말들을 길어 올린다.

요즘은 걸려 오는 전화도 드문드문하다. 어쩌다 전화가 오면 목소리가 커진다. 과장된 웃음 속에 숨은 허기가 보인다. 그럭저럭 잘 지내고 있다는 빈말, 이쪽도 그쪽도 내막을 훤히 아는 처지다. 전화를 끊은 그가 못내 아쉬운 표정으로 전화기를 들여다보고 있다. 나는 안다. 그가 기다린 말이 어떤 것인지를. "국수 비벼 먹읍시다." 국수는 그가 좋아하는 음식 중 하나다. 마음이 허기질 땐 뱃속이라도 든든히 채워줘야 한다.

퇴직 후 그는 밥 달라는 소리를 잘 하지 않는다. 알아서 챙겨 먹는다. 아니, 밥이 늦어지면 먼저 상을 차려놓고 나를 부른다. 손톱 밑이 아리도록 마늘을 까고, 멀쩡한 운동화도 내다 빤다. 생전 안 하던 짓이다. 일찌감치 '삼식이 시리즈'를 유념하고 있었던 걸까. 구부정하게 서서 덜그럭거리며 그릇을 씻을 때 나는 갑자기 치솟는 갱년기 화덕증으로 부채질을 해댄다. '에고, 주변머리 없는 남자 같으니라고. 나 같으면 차라리 나가서 돈을 벌고 말겠네!' 입 밖으로 내뱉진 않았지만 그도 진작 눈치 챘을 것이다.

나란히 잠자리에 눕는다. 대개는 한 사람이 먼저 잠들거나 나중 잠든다. 오늘은 내가 부러 시간을 맞춘다. 어둠 속에서 그의 손을 더듬어 잡는다. 움찔하는 기색이 역력하다. 손잡는 것도 새삼스러울 만큼 무심하게 지냈다. 빼려는 손을 꽉 잡고 놓지 않는다. 못 이기는 체 잠잠하다. 삼십 년을 한 이불 덮고 잔 사람. 알뜰한 맹세를 다짐하던 봄날의 밤들은 다 어디로 가고 희끗한 귀밑머리 아래 쓸쓸한 정만 남았는가. 잡았던 손을 풀어 움츠린 등을 어루만진다.

긴 노역을 끝내고 돌아와서도 짐을 내려놓지 못하는 그를 위해 내일은 좋아하는 매운탕을 끓이리라. 찰찰 넘치도록 술을 따르고 안주 삼아 노래도 한 자락 뽑아 젖히리라. 그래, 봄날은 가도 알뜰한 맹세는 유효하다고.

청소역青所驛

장항선 완행열차가 기적을 울리며 산모롱이로 꼬리를 감췄다. 밤콩처럼 낯빛이 검은 노인들 몇이 올망졸망한 보퉁이를 들고 역사를 빠져 나갔다. 나는 맹렬한 땡볕 아래 혼자 플랫폼을 지키고 서 있는 '청소역' 이정표에 눈인사를 건넸다. 한 시절을 감당하던 기상은 사라지고, 녹슬어가는 몸엔 '광천↔대천' 글자가 살비듬처럼 일어나 너불거렸다.

장항선 역사로는 가장 오래되었다는 '청소역'. 1929년 간이역으로 출발해서 1958년 보통역으로 승격했고, 올해로 84년이 된 역이었다. 1960년대식 벽돌조 건축물로 2006년 근대문화유산으로 등록되었으나 이용하는 사람이 해마다 줄어 조만간 폐역閉驛이 될 운명에 처해 있었다. 하루 서른 남짓한 이용객으로는 수

지타산이 안 맞는다는 게 이유였다.

이름처럼 초록 기와를 얹은 역사는 소박하고 아담했다. 텅 빈 대합실은 햇살과 바람만 들랑거렸고 창구에는 매표를 하지 않는다는 안내문이 붙어 있었다. 칠이 벗겨진 나무의자엔 창을 넘어 들어온 포도넝쿨 그림자만 얼씬거렸다. 더 이상 차표를 확인하는 일 따위는 없었다. 승차권을 내밀면 모자를 쓴 역무원이 구멍을 내어 되돌려주던 일은 까마득한 옛일이었다. 당시의 승차권은 골동품이 되어 액자 속에 전시되고 있었다. 그것이 에드몬슨식 승차권이란 것을 처음 알았다.

혼자 역사를 지키고 있던 역무원 이 씨는 이웃집 아저씨처럼 편안한 인상을 가진 중년 남자였다. 내가 여기저기 기웃거리며 사진 찍는 것을 보고 스스럼없이 말을 걸어 왔다. 나는 무작정 청소역을 보기 위해 새벽들이 달려온 사정을 솔직하게 말하지 못했다. 연신 땀을 훔치고 있는 그에게 '그냥'이라는 말은 너무 민망했다.

그는 선선하게 역무실 안으로 나를 초대했다. 역무실은 깔끔하게 정돈되어 있었다. 창구 앞은 금방이라도 손님을 맞이할 것처럼 물건들이 가지런했다. 벽에 걸린 8월의 월중행사표는 휑했다. 바쁠 것 없는 달력의 일정은 역의 처지를 고스란히 반영하고 있었다. 머지않아 '청소역'은 보통역에서 간이역으로 되돌아갈 것이고, 근대문화유산이라는 새 이름을 달고 역사의 뒤쪽으로 사라질 것이다.

이 씨는 선풍기 하나로 염천의 더위를 견디고 있었다. 그는 두 아이들과 오랜 시간을 역사 옆 사택에서 생활했노라고 했다. 아이들이 정서적으로 건강하게 자라준 것을 이곳의 아름다운 경관 덕으로 돌렸다. 2009년 〈아버지의 자리〉라는 드라마 촬영을 하게 된 것도 그와 무관치 않을 터였다. 대합실에는 당시의 기록이 사진과 함께 전시되어 있었다. 그는 돈이 안 된다는데 어쩔 거냐며 폐역 결정을 순순히 받아들였다. 아이들이 나고 자란 곳, 중년이 훌쩍 넘도록 삶의 터전이었던 곳을 떠나는 일이 어찌 예사이랴.

열차는 하루에 네 번 '청소역'에 정차했다. 차 시간을 놓치면 서너 시간을 기다려야 했다. 그곳에 머무는 동안 나는 한 사람의 노인밖에 보지 못했다. 그는 역 안에 들어오지 않고 역사 입구에 등을 돌린 채 구부정하게 앉아 있었다. 그가 차를 타기 위해 거기 있는지 혹은 누구를 기다리는 것인지는 알 수 없었다. 한동안 자세도 바꾸지 않은 채 정물처럼 앉아 있는 노인의 뒷모습은 적막하기 그지없었다.

한때는 수많은 길을 품었던 영화로운 곳이었으나 이젠 썰물 밀물도 없이 고여 있는 간이역. 있어도 있지 않은 존재. 그 소외의 자리에서 묵묵히 지난 세월을 보듬고 낡아가는 청소역의 풍경은 등 돌리고 홀로 앉은 노인의 뒷모습만큼이나 애잔했다.

하긴 쇠락해 가는 것들의 마지막이 그러할 터였다. 한때는 흥성했으나 폐허가 되어버린 시골 장터가 그렇고, 백발이 되어 홀로 남은 우리의 아버지들이 그러할 것이다.

나는 늦어지는 기차를 기다리며 자울자울 낮꿈을 꾸고 있을 아버지를 떠올렸다. 생애 혁혁한 업적이라곤 없이 보통역에서 살다 간이역으로 돌아간 그 텅 빈 씨방을 헤아렸다. 지금도 아버지는 낮꿈 속에서 자식들에게 의자를 내어주고 싶어 제 살을 깎아내느라 안간힘을 쓸 것이다. 박제가 되어서도 차마 문을 닫지 못하고 의자를 내어주는 '간이역'처럼. 그래, 비비댈 그런 의자들이 아니었다면 어디 마음 부려 쉬었을 텐가. 낡은 '청소역'의 적막이 끝내 누추하지만 않은 것은 온갖 희로애락을 제 안에 담고 발효시킨 저 무던함에 있지 않을는지.

벌레蟲

꿈틀꿈틀, 난 수상한 시절인연으로 '진지충眞摯蟲'이란 별칭을 갖게 된 '사람'이다. 그에 대한 사전적 정의는 다음과 같다.

> 진지眞摯: 말이나 태도가 참답고 착실함.
>
> 충蟲: 벌레
>
> 벌레의 어원: 한국어 '벌레'는 세소토어 beleha(to beget)에서 유래한 것으로서, 애를 얻는다는 뜻이니, 우글거리는 '곤충의 애벌레'를 의미한다.

두 단어를 합치면 말이나 태도가 참답고 착실한 벌레란 뜻이 된다. 뒷말이 앞말을 뒤집고 억누른다. 참답고 착실하면 벌레,

구더기 같은 애벌레로 비하되는 세상이다. 가볍고 초감각적이고 안개처럼 무상한 세상에서 진지는 무겁고 부담스러울 테다. 감정 과잉이고 에너지 낭비로 여겨지기 십상이다.

진지충의 특징은 매사 의미부여하기다. 말이든 사물이든 본질적으로 왜? 왜? 의미를 파고든다. 사실 골치 아프고 피곤한 일이긴 하다. 세상만사 어디 그리 명쾌한 해답이 있던가. 가장 우매한 질문은 형이상학적인 것이라지. 답이 없는 문제에 연연하지 마라, 대충 넘어가라, 그냥 즐겨, 그냥 사는 거야, 그래야 벌레가 되지 않을 수 있어. 혹자의 충고다.

진지충은 낯가림이 심한 편인 데다 비사교적이다. 특히 놀이방에서의 처신은 영 젬병이다. 가능한 구석에 앉는다. 술잔이 오가고 그 술보다 더 취하게 하는 말들이 오간다. 성적 배설의 카타르시스가 질펀하다. 진지할수록 초라해지는 자리, 혼란스럽다. 그들은 정말 그 허망한 말들의 성찬을 즐기고 있는 것인가? 농담조차 토론의 화두로 바꿔버리는 진지충의 진지야말로 상대를 뒤집어지게 하는 요소다.

특히 진지충의 연애 스타일은 따분하다. 생각이 많다보니 재는 시간이 길다. 바람은 당연히 사절. 고지식하게 사랑 앞에 진정성을 강요한다. 21세기 대부분의 사랑은 호르몬의 농간이고 애당초 무모한 감정의 유희라는 사실을 믿지 않는다. 지금의 예스는 단지 지금만 유효하다는 사실도. 열 번 발등을 찍힐지

언정 사랑에 대한 믿음을 버리지 못하는 우직한 로맨티스트이기도 하다.

진지충의 이웃사촌은 설명충說明蟲이다. 그 둘을 동시에 지닌 충은 왕따를 면치 못한다. 진지하다 보면 설명이 길어지기 쉽다. 눈치 없이 친절한 금자 씨가 되는 것이다. 말의 속도는 결코 생각의 속도를 따라가지 못한다. 경청 여부는 단 몇 초 만에 판가름난다. 진지는 무겁고 설명은 거추장스럽다. 더구나 이모티콘 기호가 말을 압도하는 시대, 세련되고 싶다면 진지와 설명은 엿 바꿔 먹으라는 세상이다.

꿈틀꿈틀, 귀도 가렵고 생각도 가렵다. 말이나 태도가 참답고 착실한데 왜 벌레가 되어야 한단 말인가? '더 이상 의미를 묻지 않는 세상은 영혼 없는 전문가들로 넘쳐나게 된다.'고 말한 철학자는 빅터 프랭클이었던가. 시대가 변했다고? 미친 속도에 휘말려 멀쩡한 사람 벌레 만드는 세상을 따라가는 것은 잘하는 일인가? 감히 사람에게 벌레란 별칭을 부여하는 그들은 누구인가? 배후 주동자는 필경 이 시대 영악한 마키아벨리의 후예들이 섬기는 유일신 자본주의일 터다.

진지충은 예의 그 진지한 사고를 발휘하여 그들의 의중을 헤아린다. '한마디로 난 너보다 훨씬 잘났어. 난 널 벌레라 부를 자격이 있지. 넌 나와 같은 줄에 설 자격이 없어. 불쾌해. 내 밥그릇 넘보지 말고 꺼져.' 비하 속에 깃든 그들의 근거 없는 특권의식은 얼마나 위험한 폭력인가? 제아무리 그럴듯하게 포장을 해도 결국 제 밥그릇 지키기 위한 불안에서 나온 공격적 표현들 아닌가.

벌레의 종류는 또 얼마나 다양한지. 아이를 제대로 단속하지 않는다고 맘충, 의학전문대학원 나와 의사가 된 사람들을 비아냥대는 의전충, 농어촌 전형이 포함되는 기회균형선발전형으로 들어온 학생들을 '기균충', 지역균형선발을 비하한 '지균충'이란 말도 나왔다. 일베충, 무뇌충, 로퀴충, 페북충…. 앞으로 새로운 이름을 가진 아니, 더 자극적인 이름을 가진 인간벌레들이 출현할 것이다.

사실 벌레는 인간과 공생하는 파트너이고 생태학적 관점에서는 자연의 균형을 잡아주는 역할도 한다. 게다가 벌레를 미래의 식량자원으로 고려하고 있는 마당에 오직 박멸의 대상으로만 볼 존재가 아닌 것이다. 인간을 해충, 벌레로 비하하는 그 시선에는 약자에 대한 관용과 배려는 없이 시장주의 효율성 관점으로만 대상을 보는 냉혹함이 있다. 사는 게 전쟁이라지만 그 전쟁의 진정한 승리는 사람을 사람으로 대접하는 공생의 방식에서 나오는 게 아닐까.

기진맥진한 진지충의 귀에 한소리가 명료하게 들려온다.

'못 말리는 진지충, 또 설명이군. 역시 부담스러운 존재야. 감히 우리의 양심을 건드리다니!'

꿈틀꿈틀, 진지충은 힘껏 겨드랑이 가려움을 떨치고 자라목처럼 움츠러들었던 감성 촉수를 활짝 편다. 바야흐로 혐오스러운 허물을 벗고 화려한 변신을 할 날이 도래한 것인가.

말을 알아듣는 꽃

길가에 핀 꽃이여, 말을 알아듣는 꽃이여, 뭇 남자를 취하게 하고 길이 이름을 남긴 노류장화여. 서쪽 부안에 지지 않는 꽃, 매창梅窓이여.

부안읍에 들어서니 '매창로'란 이정표가 먼저 나그네를 반긴다. '창가의 매화'란 뜻을 지닌 향기로운 길쯤 되려나. 한 떨기 해어화* 매창, 꽃은 지고 없건만 수백 년 지지 않는 향기를 전하는 내력은 무엇일까.

한때는 '매창이뜸'이라고 불리던 공동묘지였으나 이제는 부안의 명물이 된 매창공원. 이화 나무 그늘 아래선 마을 어른들의 장기판이 한창이고, 정갈하게 다듬어진 매창의 무덤가엔 햇살과 바람만 희희낙락이다. 애잔한 눈길로 비문을 더듬노라니 어디선가 구슬픈 거문고 소리 들려오는 듯하다. 죽어 이토록 아낌과 기림을 받는 기생이 있을까. 제 이름을 지닌 단행본 시집에, 제 시비가 호위하듯 둘러선 공원의 주인공. 게다가 무덤까지 지방기념물 65호로 지정되는 영예를 안았다.

매창은 한시 · 가사歌詞는 물론, 가무 · 현금에도 능한 조선 중기 최고의 시기詩妓였다. 그뿐만 아니라 자신의 상처보다 상대의 아픔을 더 헤아릴 줄 아는 결 고운 여인이었다고 한다. 매창이 죽자 고을 아전들은 시 수백 편 중 애창되던 58수를 묶어 ≪매창집≫을 발간했고, 이름 없는 민초들까지 나서서 조촐한 돌비석을 세워 주었다. 근래에는 그녀의 이름을 건 다양한 문화제 행사에 유림이 주관하는 묘제까지 부안 사람들의 매창 사랑은 남다르다.

서림공원의 금대琴垈 혜천惠泉은 매창이 시름을 달래며 거문고를 뜯었다는 장소다. 매창공원과 지근거리에 있어서 무장무장 걸어 올라도 좋은 곳이다. 그 옛날, 관아와 고을이 한눈에 내려다보였을 나지막한 언덕에 매창의 시비가 마을을 굽어보고 있다. 금대라고 새겨진 바위엔 담쟁이덩굴이 기어오르고 매창이 목을 축였다는 샘터엔 잡초가 무성하다. 속절없이 떠나보낼 수밖에 없는 사랑이라니 얼마나 허망했을까. 눈물 젖은 노래인 양 바람의 수런거림만 숲에 가득하다.

이화우 흩날릴제 울며 잡고 이별한 님/ 추풍낙엽에 저도 날

생각하는가/ 천 리에 외로운 꿈만 오락가락하노라

— 이매창, 〈이화우〉

기생 어미 탓에 천역賤役을 대물림해야 했던 매창은 걸음마를 시작하면서부터 기생 수업을 받았고, 열두 살 무렵 비녀를 올렸다 한다. 그 후 매창은 바람처럼 스쳐가는 남정네들을 숱하게 품었으리라. 세상에 허무한 것이 그네들에게 정 주는 일임을 온몸으로 알았을 그녀. 어떤 이는 매창이 평생 한 사람만을 사랑했다 하고, 또 어떤 이는 모든 사람을 사랑했다고 말한다. 진실이 어떠하든, 시 속에서 드러나는 매창의 인간적인 면모는 낮은 자리에서도 사람들을 두루 끌어안을 줄 알았다는 것이다.

사람들은 흔히 매창과 유희경의 사랑을 입에 올리지만 나는 허균과의 관계에 더 마음이 끌린다. 허균은 매창과 십 년 넘게 교유를 나누면서도 "비록 우스갯소리를 즐기기는 했지만 어지러운 지경에까지 이르지는 않았다."라고 술회했다. 제대로 플라토닉 러브를 한 것이다. ≪성소부부고≫에서는 허균이 매창이 죽었을 때 "한바탕 소리 내어 곡을 하고 율시 2편을 지어 애도했다."고 알려준다. 남녀 사이에 은근한 수작이 왜 없었을까만 매창은 끝내 살수청을 들지 않았고 오래도록 시들지 않는 우의를 나누었다.

매창이 혁혁한 문사들과 당당하게 교유하며 시문을 논할 수 있었던 것도 당대 최고의 지식인이자 문장가였던 허균의 높은 평가 때문이었다. 많은 문인들이 그녀와 시를 주고받기를 원했고 그를 통해 매창은 조선 최고의 시기라는 명성을 얻었다. 기생이라는 신분 때문에 삼종지도라는 조선 시대 유교 윤리관에서 벗어나 권필이나 한준겸, 유희경, 이귀 같은 내로라하는 시객들과 시문을 논하며 여한 없이 자기의 재주를 펼칠 수 있었던 것은 역설적 축복이라 해야 하리라.

매창은 스스로 호를 지어 가질 만큼 자의식이 강했다. 서얼 출신의 개혁적인 성향을 가진 허균의 벗들을 접하면서 자신의 정체성에 대해 생각할 기회를 가졌을 것이다. 그에 더해 허균과 함께 불교, 도교를 공부하고 참선하면서 자신의 존재 이유와 가치를 찾게 되지 않았을까. 그녀의 말기 시에 자연의 섭리를 좇아 인생을 관조하고 참선을 통한 내세를 그린 내용들이 등장하는 것도 그런 배경에 있지 않나 싶다.

부안읍을 벗어나 벚나무가 터널을 이룬 오리 길을 구불구불 달리다보면 능가산 울금바위 아래 개암사가 모습을 드러낸다. 절 왼쪽으론 천 년 고찰을 지켜온 고목이 우뚝하고, 오른쪽 산비탈엔 순하게 이랑진 차밭이 눈길을 끈다. 돌계단 중간쯤 올라 고개를 들면 개암사의 대웅전이 한눈에 들어온다. 개암사는 아전들이 주선하여 처음 ≪매창집≫을 목판본으로 엮어낸 곳이다. 절간 살림이 거덜날 정도로 많이 찍어내는 바람에 목판본을 불사르게 되었다니 요새로 치면 베스트셀러쯤 되었나보다.

먼발치로 스친 월명암이며 어수대까지 부안 곳곳에 남아 있는 매창의 흔적은 자못 선명하다. 그러나 만인의 연인이면서 한 남자의 그 무엇도 되지 못한 채 홀로 죽어간 비운의 여인. 그녀로선 어쩌면 영원히 잊고 싶은 천역의 삶이었을지 모른다. 유언대로 그녀는 평생 고락을 같이해 온 거문고와 함께 묻혔다.

매창의 흔적을 좇아 부안을 더듬다 마침내 채석강 노을 앞에 앉는다. 내 뒤로는 수만 권의 책이 꽂힌 층암절벽 서가가 장엄하게 둘러서 있다. 누가 서가에서 책 하나를 빼내 일몰의 바다 한 페이지를 내 앞에 펼쳐 놓은 것일까? 갈매기가 그 위를 날며 한 줄의 행이 되어 끝없이 밀려오는 파도를 읽는다. 나도 따라 매창의 시 한 수를 읊조린다.

千年 옛 절에 임은 간데없고/ 「御水臺」 빈터만 남아 있고나/
지난 일 물어 볼 사람도 없이/ 바람에 학이나 불러볼거나

— 이매창, 〈어수대〉

누가 꽃에게 이토록 아름다운 글의 씨앗을 심어 주었을까? 해어화에 취하고 노을에 취한 저녁, 속절없이 흔들리고 흔들린들 어떠리.

* 해어화: 말을 알아듣는 꽃이란 뜻(기생에게 붙여졌던 이름).
* 참고자료: 부안문화원 발행 ≪매창전집≫.

편도 티켓

나는 그냥 있다. 존재의 이유와 목적이 없다. 나는 모든 것의 창조자이며 파괴자이다. 모든 존재가 내 안에서 생성되고 내 안에서 사라진다. 나는 모든 이에 대하여 일방통행이며 누구도 편애하지 않는다. 아무에게도 강요하지 않지만 만인이 스스로 내 앞에 굴복한다. 나는 무한히 존재하지만 나를 의식하는 자의 의식 속에만 있다.

세상이 나에게 지어준 이름은 시간이다. 그러나 그것은 사람들의 편의를 위한 것일 뿐 정확한 이름은 아니다. 어떤 이들은 나를 인생이라 부른다. 아니, 돈이라고 부르기도 하는데 근래 이 주장은 강력한 설득력을 얻고 있다. 현대인은 인생이란 말에 향수를 느낄지언정 애착을 갖지 않는다. 그것을 생각할 겨름이 없다. 대부분의 사람들이 나를 통해 얻고자 하는 건 진리가 아니라 돈과 쾌락과 권력이다. 인생이란 낱말은 어쩌다 삶의 매뉴얼에 등장하는 고리타분한 장식이다.

어떤 이는 추억을 통해 나를 거슬러 올라간다. 그러나 그것은 그림의 떡처럼 허망한 위로일 뿐이다. 어떤 이는 나를 횡단하여 남보다 몇 배 빠른 속도로 산다. 그러나 그 또한 십중팔구 목숨을 담보로 한 것이어서 허망하기는 매일반이다. 저마다 애써 나를 극복해보려고 시도하지만 오십보백보다. 세상은 그들이 남긴 흔적을 흔히 역사라고 부른다.

누군가는 이렇게 말하기도 한다. 오로지 순간의 현재에 살라고. 순간만이 내 것이라고. 그 말은 꽤 그럴듯해서 많은 사람들이 귀를 기울인다. 그러나 그 말은 해석의 여지가 다양하다. 어떤 이는 내일 죽을 터이니 오늘 '먹고마시자주의'다. 어떤 이는 오늘의 충실함을 내일을 위한 보험으로 여겨 여전히 미래에 담보 잡힌 삶을 산다. 어떤 이는 미래나 과거 심지어 오늘에도 집착하지 않고 그날그날 무탈한 일상을 감사하며 평범하게 산다.

누군가 물었다. '세상에 그 어느 곳에도 없는 샹그릴라가 있다. 모든 사람들이 가기를 꿈꾸는 아름다운 낙원이다. 원한다면 그곳에 갈 수 있다. 단 조건이 있다. 한 번 가면 다시 돌아올 수 없다. 그래도 가겠는가?' 극소수의 사람들이 그 조건에 응했다. 그러나 대부분의 사람들은 다시 돌아올 수 없다면 샹그릴라에 가는 것을 포기하겠다고 답했다.

샹그릴라로 가는 티켓처럼 인생은 다시 돌아올 수 없는 편도 티켓이다. 우리는 선택의 여지없이 편도 티켓을 쥐고 인생이라는 열차에 탄다. 열차는 쉼 없이 시간의 쳇바퀴를 돌리다 우리를 삶의 종점에 내려놓고 사라진다. 혹자는 역사라는 한 페이지에 이름을 올리기도 하지만 대부분의 궤적들은 시간의 모래밭 속에 흔적도 없이 묻힌다.

어떻게 살 것인가? 시간은 광속으로 흐르고 하차는 예고 없이 내려질 판인데 나는 여전히 진부한 일상 속에 있다. 샹그릴라에 대한 해답은 오늘, 이 순간을 사는 나의 태도에 달려 있는 거라고 식상한 위로를 하면서.

빈방의 빛

골목엔 그 흔한 점집 깃발 하나 걸리지 않았다. 가끔 야윈 고양이가 빈집에서 나와 골목으로 튀어 달아났다. 미로처럼 얽힌 가파른 골목, 허물어진 담장 안으로 버리고 간 누추한 살림살이가 보였다. 한 집 건너 '출입금지'라고 써 붙인 노란 딱지는 귀퉁이가 떨어진 채 바람에 나불거렸고, 능소화는 썩은 나무기둥을 타고 흐드러지게 피었다.

열우물에 마을이 본격적으로 형성된 것은 1960년대 후반이었다. 가난한 노동자와 철거민들이 하나 둘 마을로 모여들었다. 함봉산 중턱 공동묘지로 뒤덮인 땅에 집을 짓고 길을 만들었다. 열 개의 우물이 있다 하여 십정동十井洞이란 이름이 붙었다고 하지만 우물은 단 한 개뿐이었고 길은 진창이었다. 거기서 아이도 낳았고 학교도 보냈다. 살림은 좀체 펴지지 않았고 세월은 흘러 이순을 훌쩍 넘긴 나이들이 되었다. 그래도 마음만은 옹색하지 않게 살았다. 어느 날 재개발 바람이 불었다. 마을은 술렁대기 시작했고 살벌해졌다.

벌써 십오 년째였다. 재개발을 기다리다 지친 사람들은 하나 둘 마을을 떠나기 시작했다. 눈치 빠른 사람들은 웬만큼 값을 쳐 받고 이사를 갔다. 어쩔 수 없이 남은 사람들은 기약 없는 재개발 약속을 기다리며 하루하루 버티고 있었다. 재개발이 된다 해도 새집에 들어가 살 수 있는 사람은 많지 않았다. 또다시 떠돌이가 되느니 게딱지 같은 집이라도 살던 곳이 나을지 모른다는 생각을 하는 사람들도 꽤 있었다.

빈집과 폐가가 늘어나면서 흉흉해진 마을 분위기를 살리기 위해 사람들은 거리 벽화를 그렸다. 금이 간 담장에 사철 매화꽃이 피었다. 산꼭대기 빈집 담장엔 '빨주노초' 쌍무지개가 걸렸다. 가파른 계단에는 경쾌한 음표가 통통 튀었다. 전봇대엔 단발머리 술래잡이 소녀가 매달려 있었다. 빨랫줄 벽화엔 통실통실한 엉덩이를 가진 아이의 반바지가 걸리고 누이의 꽃무늬 팬티와 할머니의 흰 버선도 걸렸다.

방안에서 나누는 이야기가 골목 밖에까지 흘러 나왔다. 얇은 나무판자 벽에 대문이랄 것도 없는 문을 열면 바로 부엌이고 방이다 보니 그럴 수밖에 없었다. 일 미터 남짓 되는 골목을 사이에 두고 마주 살다보면 때론 굳이 보지 않아도 되는 민망한 장면까지 눈에 띄기 마련이었다. 드르륵 재봉틀 돌리는 소리, 압력밥솥 추 돌아가는 소리, 늙은 개에게 밥을 잘 먹지 않는다고 욕을 해대며 밥그릇 걷어차는 소리, 밑바닥 삶의 애환들이 질펀하게 고여 있는 골목을 나는 느리게 숨을 고르며 올랐다. 장마철 골목에선 역겨운 오물 냄새가 났고, 습기 찬 집들에선 곰팡이 냄새가 진동했다.

새빨간 제라늄이 쪽문을 지키고 선 어느 집, 두런대는 말소리를 찾아 들어갔다. 문이 열려 있었다. 대여섯 사람이 겨우 앉을 만한 방에서 할머니들이 파마를 하고 있었다. 야매로 하는 미장원인가 보았다. 독한 파마약 냄새가 코를 찔렀다. 오글오글 머리를 만 노인들이 염천에 선풍기 하나를 가운데 두고 앉아 있었다. 중년의 미용사는 할머니들의 푸념에 일일이 맞장구를 쳐주었다. 땀에 흠뻑 젖은 여인의 등을 보며 나는 슬그머니 카메라를 등 뒤로 감추었다. 차마 사진을 찍으러 왔다는 말을 할 수 없었다.

열 개 우물 중에 유일하게 남아 있다는 우물을 보러 희망분식집을 찾아갔다. 희망분식집은 영화를 촬영하면서 만들어진 집이었다. 촬영이 끝나자마자 가게는 폐점을 했고, 마당 평상엔 마을의 터줏대감 어르신들이 나와 부채질을 하고 있었다. 우물은 더 이상 식수로 사용하지 않지만 지금도 먹을 수 있을 만큼

물맛이 좋다고 했다. 예전엔 온 동네 식수와 빨래를 책임지던 귀한 우물이었다. 해마다 봄이면 마을의 안녕과 풍요를 위해 우물 앞에서 제사를 지낸다고 했다. 큰 가뭄에도 물이 마르지 않는다는 우물, 열우물 사람들에게는 생명수였고 희망의 근원인 셈이었다.

"후진 동네 사진은 찍어서 뭐할라고?"

부채질을 하던 할머니가 부루퉁한 얼굴로 한마디 던졌다.

"여기도 사람 사는 동네잖아요."

대답이 유순하다 싶었는지 할머니의 미간이 풀어졌다.

"내 생전에 좋은 꼴 볼 날이 올랑가…."

마을 사람들의 술렁거림은 아직 가라앉지 않고 있었다. 주민들 간의 얽히고설킨 이해관계에다 건설경기는 침체이고 설상가상 시까지 재정적자에 시달리는 상황이었다. 내일, 내일 하던 것이 벌써 십수 년이었다. 희망처럼 모지락스러운 것도 없을 터였다.

마을 전체를 조망할 수 있는 높은 지대로 올라갔다. 한쪽 지붕이 내려앉은 담장가로 호박꽃이 흐벅지게 피었다. 빛바랜 나무대문 우편함에는 언제 적 것인지 알 수 없는 편지와 고지서가 꽂혀 있었다. 깨진 유리창 너머로 먼지에 쌓인 빈방이 보였다. 넘어가는 햇살이 하염없이 비쳐들고 있었다. 햇살은 빈집의 적막을 끌어안고 서서히 사그라지고 있었다.

와와, 우렁찬 함성이 들려왔다. 산동네 아래 초등학교 운동장에서 플래카드까지 내걸고 마을 대항 축구 시합이 벌어지고 있었다. 누군가 마지막 결승골을 넣은 모양이었다. 유니폼까지 갖춰 입은 장년의 남자들이 환성을 지르며 말처럼 겅중거렸다. 순간 안도감으로 가슴을 쓸어내렸다. '그래, 진창에서도 꽃은 핀다. 포기하지 않는 한 삶은 아름다운 것이다. 해는 다시 떠오르고 빈방의 빛도 다시 화사하게 충만할 날이 있을 것이다.' 등은 젖고 숨은 거칠었으나 산동네를 내려오는 내 걸음은 한결 가벼웠다.

의자

싸우지 말고 살아라/ 결혼하고 애 낳고 사는 게 별거냐/ 그늘 좋고 풍경 좋은 데/ 의자 몇 개 내놓는 거여

이정록 시인의 시 중에는 어머니의 말씀을 받아 적은 것 같은 시들이 여러 편 있다. 〈의자〉도 그런 시 가운데 하나다. 어머니의 바람은 소박하다. 그늘 좋고 풍경 좋은 데 의자 몇 개 내놓는 일, 그게 사는 거란다. 그러니 싸우지 말란다.

시골 생활은 결코 낭만적이지 않다. 마을에 남아 농사를 짓는 사람들은 대개 칠순을 넘긴 노인들이다. 순전히 몸으로 때워야 하는 농사일은 그들의 뼈마디를 묵은 사과나무처럼 뒤틀리게 만든다. 밭 매는 할머니 엉덩이에 매달린 스티로폼 의자

를 본 적이 있다. 가볍고 푹신해서 의자로 딱 맞춤이다. 따로 앉을 자리를 찾지 않아도 되니 더없이 고마운 도구다. 종일 한 몸으로 지내다시피 하는 스티로폼 의자가 할머니에겐 진짜 의자다. 그 의자처럼 할머니는 자식들의 의자가 되고, 그 헌신을 받침으로 자식들은 성장한다. '산다는 건 세상에 의자 몇 개 내놓는 일'이라고 아무렇지 않게 말씀하시지만 그 속엔 뼈마디를 휘게 한 헌신의 생이 있다. 우리의 어머니들은 평생 자신을 의자로 내어주고 그것이 전부인 양 살았다.

의자는 단순한 가구가 아니다. 피터지게 싸워서 획득해야 하는 권력의 상징이기도 하다. 어느 모임, 어느 장소에 가든 의자는 있다. 누구도 그 의자에 대한 의식에서 자유롭지 않다. 유난히 의자에 민감한 장소일 때 의자의 위계질서는 더욱 분명해진다. 거기선 인간이 의자로 보인다. 인간과 인간의 관계가 아니라 의자와 의자의 관계가 형성된다. 의자의 권력에 둔감한 사람은 필경 내로라하는 한자리를 차지하기 어려울 것이다. 사람들은 날마다 그 의자를 차지하기 위해 총성 없는 전쟁을 벌인다. 그 승패 여부에 따라 세상은 인생의 성공과 실패를 가른다.

내가 꿈꾸는 의자는 어떤 것일까. 권력을 탐하기엔 나는 태생적으로 비정치적이다. 계산에 어두우니 부자가 되기도 힘들다. 재주가 미천하니 이름을 떨칠 일도 없다. 변방을 향한 세상의 인심은 냉정하다. 나는 한껏 초연한 체 하지만 받아들임의 미학으로 포장한 것일 따름이다.

크게 억울할 것은 없다. 높은 자리라고 평생이 보장되는 것은 아니기 때문이다. 의자만큼 부침이 심하고 허망한 자리가 있을까. 거기에 목숨 걸다 추풍낙엽처럼 스러져간 사람들이 얼마나 많은가. 어쩌면 세상을 떠받치는 진짜 의자의 실체란 눈에 보이지 않는 것인지 모른다. 진정한 의자란 자기 안에 굳건한 중심 그 자체이고, 무한 나눔이 가능한, 그래서 더 많은 사람 속에서 발효되는 어머니의 덕성 같은 것이 아닐까.

의자가 지닌 다의적 상징을 생각하다 문득 내 의자를 돌아본다. 비록 그늘 좋고 풍경 좋은 곳은 아니지만 의자가 되어 나를 받쳐준 고마운 사람들. 이젠 내가 나의 한쪽을 그들에게 의자로 내어줄 차례다.

제2부

쉼표를 연주하다

첫차

새벽 첫차를 탔다. 생애 처음 혼자 떠나는 여행이었다. 좌석은 안락했고 기차 안은 차분한 수런거림으로 어둠을 밀어내고 있었다. 레일 위를 힘차게 달려가는 바퀴 소리를 들으며 나는 두고 온 것들을 잠시 잊기로 했다. 기차는 순식간에 떠나온 자리를 지우고 푸른 새벽빛 속을 질주했다.

군데군데 기차가 설 때마다 몇 사람이 타고 내렸지만 목적지에 도착할 때까지 옆 좌석은 빈자리로 남아 있었다. 아무도 의식할 필요 없는 자유로움 속에서 나는 혼자 떠난 여행의 달콤쌉쌀한 맛을 곱씹어가며 즐겼다. 차창에 비친 제 얼굴에 빙긋 미소를 던져주며 미지의 세계로 첫발을 내디딘 스스로를 격려했다.

살면서 나는 한번도 내 틀을 벗어난 적이 없었다. 사는 일에 급급하기도 했지만 틀을 벗어나는 것에 대한 두려움이 더 컸다. 누구도 그 틀을 강요한 적은 없었다. 그것이 합리적인지 아닌지 깊이 생각해본 적도 없었다. 운명처럼 주어진 여자의 역할에 순응하면서 갑옷처럼 그 틀을 두르고 살았다.

그 틀이 갑갑해지기 시작했다. 그 느낌은 개미 쳇바퀴 도는 일상 속에서 주체성에 대한 자각과 더불어 강렬하게 나를 충동질했다. 이렇게 살아도 되는 걸까, 회의가 왔다. 이따금 일탈을 꿈꿨다. 목적지가 어디든 중요하지 않았다. 내 자유의지대로 한 번 떠나보는 것, 그것이면 족했다. 그 하루만큼은 온전히 나를 위해 바치고 싶었다. 누구의 그 무엇도 아닌 오롯이 나로서 존재하고 싶었다. 마흔두 살 초가을, 바람난 여인처럼 나는 살그머니 집을 나와 경주로 가는 새벽 첫차를 탔다.

불국사로 가는 버스 안에서 듣는 경상도 사투리는 활기에 넘쳤다. 건조하고 까칠한 도시 억양에 비해 사람 냄새가 났다. 길을 묻는 낯선 여인의 질문에도 버스기사의 대답은 자상하고 친절했다. 막차로 돌아가야 한다는 내 말에 잠시 고개를 갸웃하더니 하루 안에 방문할 만한 곳들을 차근차근 일러주었다.

나는 역사 유적에 깊은 관심이 없었다. 그 가치와 의미에 어렴풋하게나마 눈을 뜨게 된 것은 유홍준의 ≪나의 문화유산답사기≫ 덕분이었다. 하찮아 보이는 돌탑도 유심히 들여다보고 무심해 보이는 바위의 깊이를 헤아리는 버릇이 생긴 것도 그 무렵이었다. 유적이 많은 경주를 선택하게 된 것도 우연은 아닐 터였다. 나는 불국사 대석단 앞에서 가장 오랜 시간을 보냈다. 깎거나 다듬지 않은 제각각 돌들이 서로 받쳐주고 기대면서 자연스럽게 조화를 이루고 있었다. 굳이 끼워 맞춘다고 깎이고 일그러지지 않아도 저리 편안하고 아름다운 것을…. 울컥 목이 메었다.

딱히 관광이 목적은 아니었기 때문에 걷고 싶으면 걷고 쉬고 싶으면 쉬었다. 내가 먹고 싶은 대로 먹고 내가 가고 싶은 대로 갔다. 석굴암을 내려오다 그늘 좋은 나무 아래 여래처럼 앉아 눈을 감고 내가 걸어온 길을 돌아보기도 했다. 언제나 '우리' 중심이었고 '나'를 챙길 겨를이 없는 삶이었다. 보통 사람들의 삶이 대부분 그렇긴 했다. 그것이 미덕처럼 여겨지는 풍토에서 나만을 위해 몰래 떠난 여행은 떳떳치 않았다. 막상 저질러보니 내겐 높은 장벽인 일탈이 어떤 이에겐 일상에 지나지 않음도 알았다. 그러나 내겐 단순한 하루여행 이상의 의미가 있었다. 자기 의지를 좇아 떠난 첫 항해였던 것이다.

시장기처럼 외로움이 밀려 왔다. 나도 모르게 번데기를 파는 아주머니에게 말을 걸고 있었다. 싱겁게 묻지도 않는 날씨 이야기와 가족 이야기를 꺼냈다. 아주머니는 여자 혼자 경주까지 온 이유를 궁금해 했다. 실연이라도 했느냐며 흘끔 표정을 살

펐다. 곧이곧대로 자유의지 행사를 위해 무작정 떠난 여행이라고 말하려다 그만두었다. 대뜸 세상물정 모르는 여자의 푸념이라고 훈수를 둘 것 같은 표정을 하고 있었기 때문이었다. 그것이 나를 위해 유일하게 시도해본 존재의 몸짓이었대도 세상은 그리 고운 눈으로 바라보지 않을 것 같았다.

살아야 할 이유를 찾기 위해 인도로 떠난 어느 작가의 자전적 소설을 떠올렸다. 그에게 그보다 절실한 문제는 없었다. 십 년 넘게 어둠 속을 헤매다 구원처럼 그가 발견한 가치는 엉뚱하게도 고통이었다. '진흙 속에서 피어나는 연꽃처럼 삶의 기쁨은 고통 위에서 피어난다.'는 결론이었다. 고통이란 자양분 없이 그 어느 것도 성장하지 않는다는 사실 확인은 서늘했다. 어쩌면 나의 하루 일탈 역시 그 고통을 삶의 실체로 받아들이기 위한 반항일지 몰랐다. 터득한 게 있다면 틀의 구속과 안정이라는 양면성에 대한 균형이었다.

그날따라 늦게 귀가한 남편은 나의 일탈을 눈치채지 못했고, 머리 굵은 아이들은 엄마의 늦은 귀가에 관심이 없었다. 아무 일도 없었다는 듯 모든 것이 제자리에 있었다. 나 역시 천연덕스럽게 일상의 틀에 다시 몸과 마음을 끼워 넣었다. 마흔두 살 그 가을 이후, 틀의 한 귀퉁이를 허물었다. 그리고 아주 이따금 그 틀을 벗어나 당당하게 새벽 첫차를 탔다.

3D로 나를 재구성하다

매장 안이 기괴할 정도로 조용하다. 번쩍거리는 '3D프린팅' 로고만이 시선을 압도할 뿐이다. 주문, 결재, 생산, 배송까지 모두 디지털 방식으로 완결되는 '3D프린팅' 마켓. 무인 안내데스크 앞으로 다가간다. 일정거리에 이르자 센서가 작동하고, 더없이 경쾌한 여성의 음성이 흘러나온다.

고객님, '3D프린팅' 세계에 오신 것을 환영합니다. 무엇을 도와드릴까요?

저어…, '나'를 주문하려고 합니다. 말하자면 나를 재구성하고 싶다고나 할까요.

네. 어떤 방식으로 재구성하기를 원하는지 구체적으로 말씀해 보시죠. 예를 들면 있는 그대로의 복제와 부분 수정 복제가 있는데 그에 따라 가격이 달라집니다. 품목별 가격은 모니터 화면을 참고하시면 되고요. 내면 수정에는 별도의 요금이 부과됩니다. 그리고 *표가 되어 있는 대뇌와 해마 수정 비용은 시가를 적용합니다. 결정이 어려우시면 모니터를 통해 다양한 수정 사례들을 보시고 참고하실 수 있습니다. 또 수정 이후 자신의 모습을 미리보기 기능을 통해 살짝 엿보실 수 있습니다.

아, 네! 먼저 내적 성향에 대한 수정 품목부터 구매하겠습니다. 현재 상태에서 열등감 45%, 자존심 40%와 이기심 20%, 소심증 20% 톨스토이에 버금가는 진지함 20%를 삭제해 주세요.

참고로 삭제 품목은 추가 품목보다 20% 비용이 저렴합니다. 추가 품목은 없으신가요?

추가 품목은 용기 60%, 결단력 40%, 감성 30%, 유머 30%, 영악함 15%, 섹시 5%, 뻔뻔함 3%를 구매하겠습니다. 그리고 눈가의 생기 50%, 피부 색조 50% 상향 조절 가능할까요?

네. 가능합니다. 더 이상의 주문은 없으신가요? 미리보기 기능을 사용한다면 지금까지 구매하신 것을 근거로 수정된 미래 고객님의 모습을 모니터에서 확인할 수 있습니다. 중간 수정은 일 회 허용되고, 내면 수정 신뢰지수는 ±0.5% 수준입니다.

와우, 눈의 생기만으로도 한결 활기 있어 보이네요. 그간의 사례들을 믿고 주문하도록 하겠습니다. 중간 수정은 지정된 날짜에 화상통화로 하도록 하지요.

네. 감사합니다. 모니터에 제시된 품목별 가격과 전체 구매 금액을 확인해 주시기 바랍니다. 고지사항을 미리 말씀드리면, 수정 이후 다소의 인간성 상실과 정체성 불명이라는 부작용이 있을 수 있으므로 수정과 삭제 품목을 신중히 선택하시기 바랍니다. 그리고 단순 변심으로 인한 취소의 경우 미리 지불된 예약금은 환불되지 않습니다. 주문에서 완제품이 출시되기까지 일주일 정도의 기간이 소요되며 무상 A/S 기간은 3년입니다. 주문완료하시겠습니까? 완료하시면 바로 스캔 시작하겠습니다.

인간성 상실이란 말보다 정체성 불명이란 말이 귀에 걸리네요. 뭐 더 이상 잃어버릴 정체성이란 게 남아 있을지 모르지만요.

투자의 손익을 저울질하다 구매 완료를 누른다. 앞으로 이십 년 나답게 인생을 재구성해서 살 수 있다면 충분히 남는 장사 아닌가. 어쩌면 이것이야말로 살면서 내가 한 가장 신명나는 투자인지 모른다. 규범에 얽매이고, 시선에 움츠리고, 스펙에 주눅 든 그간의 내 인생은 이제 굿바이!

'3D프린팅'은 꿈의 테크놀로지다. 모든 부품을 갖춘 완성된 자전거를 한 번의 클릭으로 만드는 세상이다. 프린트한 악기로 연주를 하고 프린트한 고기로 점심을 먹을 수도 있다. 코넬대학은 환자의 갈비뼈에서 채취한 세포로 귀를 프린트했고, 샌디에이고 소재 연구 회사인 '오르가노보'는 심지어 간세포를 프린트하는 데 성공했다고 한다. 그뿐인가. 캘리포니아의 엔지

니어링 교수인 베록 코쉬네비스는 집 한 채를 전기 및 배관 공사를 포함해 하루 안에 3D 프린트로 만들겠다는 계획을 내놓은 상황이다.

지금도 어디선가 야심 많은 천재들은 온전한 인간 복제를 꿈꾸고 있을 것이다. 이쯤 되면 '3D프린팅'은 복사 개념이 아니라 창조 개념이라고 주장하는 일이 생길지 모른다. 그럼 나를 재구성하고 싶다는 저 엉뚱한 꿈도 현실이 되는 날이 올지 누가 알랴. 그런데 보자. 3D로 나를 재구성한다면 그 삶의 주도권은 누구에게 있다고 해야 하나?

* 3D프린팅(3차원 인쇄): 디지털화된 디자인 데이터를 활용해 인쇄를 하듯 물체를 만들어 내는 방식.

혼밥족

모처럼 식탁에 마주 앉는다. 입 안의 밥알이 겉돌고 넘어가지 않는다. 물 만 밥에 신김치를 얹는다. 메이던 목이 길을 터주며 겨우 밥알을 넘긴다. 밥그릇을 다 비우도록 식탁이 고요하다. 남편이 고개를 숙이고 마지막 밥알을 긁어모을 때 나는 휑해진 그의 정수리를 보고 있다. 그는 신트림을 하며 의자에서 일어서고, 나는 식탁에 흘린 나물가닥을 주워담는 체 시선을 비킨다. 엇갈린 두 시선이 잠시 허공에서 부딪친다.

한때는 다정하게 머리를 맞대고 비둘기처럼 산 적이 있었을 것이다. 상대의 입에 제 먹을 걸 넣어주면서 달달한 말을 주고받기도 했을 것이다. 어느 순간 삶의 무게에 치받치며 틈이 생기기 시작했으리라. 그 틈이 세파 속에서 건널 수 없는 강이 되기도 한다는 것을 그땐 왜 몰랐을까. 메아리는 돌아오지 않은 지 오래이고, 의무와 책임으로 건너는 시간은 건조하고 쓸쓸하다. 아슬아슬 한 가닥 연민을 붙잡고 오늘도 마주 앉아 밥을 먹는다. 세상엔 이런 혼밥족도 꽤 있으리.

한 노인이 허리를 구부린 채 거리 의자에 앉아 도시락을 먹고 있다. 낡은 모자 아래로 허기진 얼굴이 보인다. 까칠한 수염에 밥알이 떨어져 대롱거린다. 떨리는 숟가락질, 표정 없는 얼굴에 이랑 깊은 주름살, 활처럼 휜 등에서 신산했을 한생을 읽는다. 도시락을 비운 노인은 젖은 가랑잎처럼 의자에 쓰러져 까무룩 잠이 든다. 자전거에 아이를 태운 젊은 아빠가 바람을 일으키며 노인 곁을 스쳐가고, 솔기가 터질 듯 꼭 낀는 치마를 입은 학생들이 아이스크림을 빨며 무심하게 노인을 지나쳐 간다.

저 노인도 왕년에는 잘나가던 가장이었을 것이다. 한때는 사장님 소리를 들으며 '가오'를 잡던 시절도 있었으리. 아내에게 별을 따다 주진 못했어도 고운 옷쯤 아무렇지 않게 사 입을 수 있는 돈을 챙겨주는 자상한 남편이었을지 모른다. 아이들에겐 제 목숨이라도 아깝지 않게 내주는 든든한 울타리였을 것이다. 친구들에게는 호탕하게 술값을 치르는 의리 있는 사내이기도 했으리라. 그런데 지금 그는 혼밥족이 되어 거리를 떠돌고 있다.

한 대학생이 도시락을 들고 화장실로 간다. 조심스레 주변을 살피던 학생은 민첩하게 구석진 화장실 안에다 도시락 가방을 푼다. 잠근 문을 두 번 세 번 확인한 다음 반찬 그릇을 꺼내 양변기 수조 위에 늘어놓는다. 그리곤 밥통을 열어 조용히 밥숟가락을 뜬다. 가능한 소리를 죽여 씹어 삼킨다. 암모니아 냄새도 힐끔대는 친구들의 눈길보다는 견디기가 낫단다. 친구들은 그를 혼밥족이라고 부른다.

모 방송국 다큐 프로에 나왔던 청년이다. 거꾸로 생각해 본다. 청년은 자신에게 지극히 충실한 사람이었을지 모른다. 생각 없이 어울리는 '작당'이 싫었을 수도 있다. 사람을 더럽게 하는 것은 입으로 들어가는 게 아니지. 사람들 마음속에서 나오는 패거리 의식이지. 이런 '척' 저런 '척', 그 위선이 싫었던 것일 수도 있다. 무진 외로웠을 것이다. 하지만 그보다 더 힘든 것은 영혼 없는 대화에 시간과 목숨을 죽이는 일이라 생각했을 테다. 어쩌면 그는 자발적 혼밥족이 아니었을까. 그럼에도 욕지기나는 화장실에서 혼자 밥을 삼키는 젊은이라니.

지금 우리는 남녀노소 불문하고 파편화된 세상에 살고 있다. 혼자 살건 여럿이 살건 혼자 밥 먹기는 매일반이다. 거리에서, 공원에서, 편의점에서, 식당에서 스마트폰에 시선을 박은 채 혼자 밥 먹는 사람들을 보는 일은 이제 일상이다. 소통의 통로는 무제한 열려 있는데 사람들은 더욱 개인화되고 소외되어 간다.

급속한 고령화 증가에 출산율 저조, 장기불황에 결혼조차 포기하는 사회 여건상 혼밥족은 갈수록 늘어날 것이다. 혼자 밥 먹는 것을 무조건 비관적으로 볼 일은 아니겠지만 행복하지 않은 개인들이 늘어나는 건 슬픈 일이다.

오늘 저녁엔 남편의 정수리 대신 눈을 마주치며 밥 먹고 싶다.

* 혼밥족: 혼자 밥 먹는 사람들을 지칭해서 부르는 말.

꽃멀미

국밥집 마당 벚꽃나무에선 바람이 불 때마다 눈발처럼 꽃잎이 떨어져 내렸다. "꽃이 피어버렸어…." 밑도 끝도 없이 그렇게 문자를 보낸 친구를 떠올렸다. 막 꽃이 피기 시작할 무렵이었다. 봄꽃은 피면서 이내 졌다. 속절없음. 그들에게 그것은 생존의 질서였고 법칙이었다. 그러나 불혹을 넘어버린 여자들에게 '진다'는 것은 생의 마디가 잘리는 일이었다. '피다'와 '피어버리다' 사이의 이 아득한 간극이라니. 국밥보다 더 뜨거운 한숨이 후우 새어 나왔다. 국밥을 뜨다 말고 남편은 제 말을 건성 듣고 있는 내게 눈을 흘겼다. 생각의 속도는 말을 앞지른다. 남편이 단어와 단어를 건너는 사이사이 내가 한눈을 팔게 된 것은 생각의 속도 때문만은 아니었다. 범인은 낙화落花였다. 안개 걷히고 아지랑이 같은 햇살 풀어놓는 나른한 한낮, 대책 없는 봄날의 멀미탓이었다.

도 긴 개 긴

중고서점에 갔다. 주인은 두꺼운 뿔테 안경을 코에 걸친 채 졸고 있었다. 오래 묵은 책들이 건네는 말들에 귀 기울이다 나는 비몽사몽 책들의 '썰전' 속으로 이끌려 들어갔다.

히스토리歷史 씨가 먼저 입을 씰룩거리며 심술궂은 어조로 입을 열었다.

"오늘은 어떤 족속들이 들어오나 보자고."

인문人文 씨가 시큰둥한 표정으로 말을 받았다.

"십중팔구, 그럴싸하게 뻔뻔한 수사로 칠갑을 한 자기계발족이거나 당의정을 잔뜩 입힌 잡문족, 아니면 팔자 좋은 트래블족들의 식상한 여행기거나…."

가려운 입을 참지 못하고 엉덩이를 들썩이던 애니Ani 씨가 말을 가로챘다.

"요즘은 애니나 게임이 대세야. 화려하고 자극적인 그림, 짤막한 대화, 짜릿하고 시원한 결말, 캬아! 성질 급한 사람들 입맛에 딱이라니까. 인정사정없이 때려 부수고 무자비하게 피를 흘리고 보복하며 환상의 오르가슴을 선물하는 성인물까지…. 우리만큼 화끈하게 카타르시스를 제공하는 족속도 없을걸. 암!"

인문 씨가 눈살을 찌푸리며 냉랭한 어조로 말을 받아쳤다.

"애니, 너무 나대지 마. 그만큼 쉽게 잊히는 것도 그대들이지. 세상이 이만큼 질서 있게 돌아가는 게 누구 때문인데. 바로 고리타분하고 허황되고 돈 한 푼 되지 않는다고 구박받는 우리 인문 족들 때문이라네. 사람들의 의식과 정신을 건전하게 자극하는 인문 족이 아니었다면 세상은 진작 암흑과 카오스 상태가 되고 말았을걸."

히스토리 씨가 의도를 알 수 없는 애매한 표정으로 말을 이었다.

"근본 없이 무슨 이야기가 성립되겠나. 그래도 역사가 있어서 세상을 일목요연하게 볼 수 있는 거지. 인간세의 흥망성쇠가 몽땅 내 안에 기록되어 있지 않던가. 사람들이 통찰력을 가질 수 있는 건 모두 내 덕분이 아닌가 싶네. 그런 혜안을 가진 사람이 많지 않다는 게 안타깝지만 말이야."

계발啓發 씨가 아니꼽다는 표정으로 말했다.

"글쎄, 뭐 세상이 어디 통찰력만으로 살 수 있나. 주위를 둘러봐. 세상은 온통 머니와 쾌락 컨셉이라고. 역사 속의 유장한 흐름, 통찰력, 말은 좋지. 하지만 그 느린 흐름에 시간과 돈과 마음을 쏟을 사람이 얼마나 될까? 사람들은 당장 위로받기를 원한다고. 쌈박하게 반짝거리면서 뭔가 당장 이루어질 것 같은 확신 말야. 생생하게 돈이 눈앞에 보이게 해야 한다니까. 자기계발이야말로 사람들의 비위를 맞추는 데는 안성맞춤이지."

트래블travel 씨가 거들먹거리며 끼어들었다.

"속도와 스트레스로 숨 가쁜 세상에서 나만큼 사람들에게 위로를 주는 책도 없지 싶은데 말이야. 주변을 좀 보라고. 온갖 여행 정보들로 넘쳐나잖아. 사네 못 사네 해도 무슨 때 되면 공항에 사람들 미어터지는 것 좀 보라고. 멀리 볼 것도 없어. 꽃폈다고, 단풍 든다고 도로마다 차량들 나래비 선 거 이젠 뉴스도 아냐. 덩달아 맛집까지 신바람 났더구먼. 인생 뭐 별거 있나. 뭘 그리 심각해. 케 세라 세라! 카르페 디엠!"

한구석에서 진지하게 귀를 기울이던 수필隨筆 씨가 차분한 어조로 말을 꺼냈다.

"인생은 하루란 날들로 이어지지. 그 소소한 하루의 일상들이 바로 우리네 삶 아닌가. 그 삶을 표현하는 게 수필이지. 과장도 잘난 척도 하지 않는 그저 평범하고 수수한 사람들의 이야기. 잔잔하게 뜨겁게 온갖 삶의 편린들이 기록된 수필이야말로 인생의 진면목이라 말하고 싶어. 자기 고백적인 이야기 속에 담긴 성찰이야말로 이 세상의 균형을 잡아가는 힘이 아닐까. 해마다 쏟아져 나오는 수필집 숫자도 여느 베스트셀러에 못지않을걸. 물론 개중엔 개나 소나 쓴 글이라고 비난받는 것들이 있긴 하지만. 이젠 제법 자성의 목소리가 나오기도 한다네. 나무와 독자들에게 덜 미안한 글을 써야 한다고 말이야."

고전古典 씨가 긴 침묵 끝에 어깨를 으쓱이며 말했다.

"듣고 있자니 가관이군. 잘난 것에도 기준이 있다네. 영원히 살아남으려면 나처럼 정통 고전문학의 반열에 올라야 한다고. 그 누구도 내 명성에 이의를 제기하진 않을걸. 솔직히 수필 그거 뭐 아무나 쓰는 거 아닌가. 붓 가는 대로란 말을 왜곡하여 되는 대로 쓰고 마구잡이로 쏟아내는 게 무슨 문학이란 말인가. 몽테뉴의 ≪수상록≫이나 루소의 ≪고백록≫쯤은 되어야 서가에 꽂힐 자격이 있지. 자기계발, 그게 책이었던가? 그건 가짜 확신으로 사람들을 기만하는 상술 아닌가? 그리고 애니, 재미있으면 장땡인가? 가상과 현실을 구분 못하는 무뇌아에 범죄와 성충동을 유발하는 그 책임은 어떻게 질 텐가? 인문, 예전엔 제법 내 상대가 되었는데 요즘엔 너도 나도 인문이란 이름을 달고 나와 완전 허풍선이가 된 느낌이야. 기왕 말이 나왔으니 말인데 인문, 자네에게 이름값 제대로 하라고 충고 한마디하고 싶네."

참을성 없는 애니가 체머리를 흔들며 비꼬듯 말했다.

“지금이 어느 세상이라고 명작이란 훈장을 들먹이나. 아는 사람은 다 알지. 돈이면 얼마든지 명작, 명품이 만들어지는 세상이라는 걸. 고전 씨가 좀 잘난 구석이 있는 건 인정하지만 너무 안하무인인 거 아냐? 빨주노초파남보, 인생은 다양성이야. 서로 어우러져야 해피한 삶이 이루어진단 말이지. 명작의 반열에 올라 있음 뭐하나. 가장 읽히지 않는 게 고전이란 말도 못 들어봤나. 어떻게 허구한 날 정식만 먹나. 하루 한 가지씩 먹어도 다 못 먹고 죽을 만큼 종류가 많은데 말이야. 걍, 냅두셔. 입맛대로 골라먹게. 지금 세상은 초감각이 지배하는 세상이고 우린 그 변화에 적응한 아주 영리한 족속이거든.”

윤리倫理 씨는 아예 코를 골며 깊은 잠에 빠져 있었다.

고개를 외로 꼰 채 구석에 처박혀 있던 철학哲學 씨가 중얼거리듯 말했다.

“내 존재는 잊힌 지 오래야. 내 입에선 지금 곰팡내가 난다고.”

분위기가 썰렁해지자 계발 씨가 부드러운 어조로 말을 바꿨다.

“좋아, 좋아! 그렇다 치자고. 다툼은 인간 세상의 일로 족하니. 아무튼 저들 세상이 잘 돌아가야 우리도 세상 빛을 자주 보지 않겠나. 이 서점에 들어온 지 일주일째인데 사람들이 들춰보기만 하고 그냥 나가는 걸 보면 자기계발 붐도 한물간 게 아닌가 싶네. 변화된 입맛에 맞는 새로운 메뉴를 개발할 때가 된 것 같아.”

인문 씨가 침착한 어조로 마무리 멘트를 날렸다.

“자본과 인간의 탐욕이 맞물려 세상이 갈수록 혼탁해지고 있어. 단순히 잘 팔리고 안 팔리고를 좋은 책의 기준으로 삼을 수는 없을 것 같네. 우리끼리 잘났다고 떠들어봤자 세상이 달라진 게 없으니 다 헛것일세. 각설하고, 나는 초심으로 돌아가 보다 근본적인 인간 문제에 시선을 돌리도록 애써 볼 참이야. 각자 자신의 자리로 돌아가 우리가 과연 인간의 행복을 위해 무엇을 기여했는지 점검해 보세. 자, 오늘의 ‘썰전’은 이것으로 마치도록 하지.

‘썰전’은 진부하게 끝났고, 나는 미망의 어지러운 꿈속을 헤매다 빈손으로 서점을 빠져 나왔다.

쉼표를 연주하다

아아, 마침내, 끝끝내/ 꽃피는 나무는 자기 몸으로/ 꽃피는 나무이다.*

천리포수목원에 들어서니 가을 숲의 청량한 기운이 물씬하다. 한여름 화려하던 색을 내려놓은 꽃들은 향기롭게 물을 내리고, 서늘한 가을꽃들은 조신하게 자태를 추스르고 있다. 생의 한마디를 마무리하는 일은 식물들에게도 혼을 다하는 일이리라. 바람이 불 때마다 잎새들의 몸 비비는 소리가 까칠하다. '그대, 안녕하신가.' 안부에 화답하듯 연인나무 이파리가 춤을 춘다.

수목원에는 만 사천여 종의 식물이 있다고 한다. 그중에 내가 아는 나무는 얼마나 될까. 나무를 제 이름대로 불러본 적이 없다. 그냥 나무라고 불렀다. 꽃이 피었을 때는 수시로 찬사를 보내다가 꽃 지고 나면 언제 그랬냐는 듯 무심하다. 내가 나무를 찾을 때는 그늘이 아쉬울 때다. 잠시 그늘을 탐하다 갈 뿐, 나무를 치사해본 적도 없다. 탓을 하지 않는 나무, 붙박이 운명에 순응하며 묵묵히 제 몸과 이웃을 거둬 기르는 나무, 그 덕에 우리가 산다.

일찍이 그 덕을 알고 나무처럼 살고 싶어 한 사람이 있다. 푸른 눈의 외국인 민병갈이 바로 그다. 1921년 펜실베이니아에서 출생한 그는 전쟁에 참전했다가 한국을 좋아하게 되어 1979년 귀화했다. 천리포수목원은 국내 최초의 민간 수목원이고, 아시아 최초로 '세계의 아름다운 식물원'으로 인증 받은 곳이다. 그는 2002년 4월 영면했지만 선한 신념으로 평생 일군 수목원을 공익법인으로 등록하여 대한민국 국민에게 남겨 주었다. 거친 모래밭이던 땅은 이제 수십만 명이 찾는 서해의 푸른 보석이 되었다.

사람보다 나무가 주인인 수목원. 계절마다 다른 꽃들이 피어 찾는 이들의 눈을 호사롭게 한다. 봄엔 400여 종의 목련이 다투어 피고, 여름엔 수국 · 연꽃 · 상사화 같은 꽃들이 기염을 토하며 핀다. 가을엔 천리향을 지닌 은목서에 낫사나무, 화살나무, 복자기, 풍나무 등의 단풍이 화려하고 겨울엔 황금빛 잎을 가진 호랑가시나무의 붉은 열매와 납매, 설강화, 풍년화 등 100여 종 겨울 꽃들의 도도한 매력에 취해 볼 수 있다.

연못가 닛사나무 그늘 아래 앉는다. 풀벌레 울음 낭자한 숲에 바람이 무반주 첼로 곡을 연주하는 고즈넉한 곳이다. 한여름 나무 아래 서면 두 사람이 끌어안고 키스를 해도 가려질 만큼 잎이 무성하다. 그래서 붙은 별칭이 연인나무다. 그늘은 인간에게 내주고 꿀과 열매는 벌과 새에게 내준다. 사람과 벌과 새들을 품어 거두는 닛사나무. 사람 덕이 나무 그늘만 못하다던가.

천천히 걸으면서 나무 이름을 살핀다. 이름과 나무를 번갈아 보면서 연관성을 찾는다. 모든 이름이 생김새와 딱 맞아 떨어지는 것은 아니다. 나무 입장에서 보면 억울하게 께름칙한 이름을 가진 경우도 있다. 썩은 버드나무의 원줄기는 인 성분 때문에 캄캄할 때 빛이 난다고 한다. 시골사람들은 이것을 도깨비불이라고 여겨 무서워했다. 술이라도 한 잔 걸치고 돌아오는 길, 버드나무가 서 있는 마을 어귀에 들어서다 난데없이 불빛을 만나면 혼비백산했음직도 하다. 해서 붙은 이름이 귀신버드나무다.

동백원, 수국원, 모란원, 겨울정원을 차례로 따라가다 보면 솔향기 그윽한 숲길이 나온다. 흠칫 한 나무 앞에서 걸음을 멈춘다. 온몸을 '송악'이라는 덩굴식물에 친친 휘감긴 소나무. 곁

방살이 처지에 은혜도 모르고 주인의 목을 조르다니 고약하다. 덩굴의 굵기로 보아 얼마나 오랫동안 진을 빼앗겼을지 짐작이 된다. 공작公爵 벼슬을 하사받은 소나무 체면이 말이 아니다. 평화로워 보이는 나무살이에도 공생과 침탈이 있어 엄정한 자연의 질서가 유지되나 보다.

그런가 하면 느긋하게 사철 누워 사는 수수꽃다리가 있다. 키는 멋없이 큰데 줄기가 빈약한 것이 영판 게으른 놈팡이 모습이다. 겁도 없이 독초 위에 누워 한세월 유유자적이다. 태산목처럼 태풍에도 끄떡없는 나무가 있는가 하면 삼색 카멜레온 참죽나무처럼 속을 종잡을 수 없는 나무도 있다. 길을 알려준다는 오리나무에, 만병을 치료한다는 만병초, 타면서 '꽝꽝' 소리 내는 꽝꽝나무까지 이름 따라 살펴보는 나무들의 세계가 자못 흥미롭다. 서로 달라 더욱 풍요로운 숲. 한 인간의 신념이 황무지에 일궈낸 선물이기에 더욱 소중하다.

호랑가시나무원을 지나 해안전망대에 오르면 소나무 사이로 만리포 해안이 눈부시게 펼쳐진다. 하얗게 드러난 모래톱에 봉긋한 낭새섬 그리고 괭이갈매기들 한가로이 오수를 즐기는 풍경을 덤으로 즐길 수 있다. 밀고 당기면서도 제 경계를 넘지 않는 바다, 바람에 몸을 맡긴 채 출렁출렁 자유롭다. 애면글면 놓지 못하던 욕망에 잠시 쉼표를 찍는다. 쉼표가 생의 완급을 조절해주는 호흡이라면 그 쉼표를 잘 연주하는 것이 삶의 기술이리라. 순량한 숲의 위로 속에 세속의 어지러운 사념들이 가지런해진다. 숲에서 누리는 헐렁한 자유, 적요 속의 평온과 안식이 흡족하다.

죽어서도 나무들의 거름이 되고자 했던 민병갈은 자신의 이름을 지닌 목련나무 아래 한줌 재로 묻혔다. 나무 아래 놓인 애도의 꽃다발, 본 적도 없는 푸른 눈의 외국인에게 울컥 고마운 마음이 복받친다. 나무를 향한 평생의 헌신, 울울창창 숲으로 보답하는 나무들의 우직함. 그 아름다운 교감이 숙연하다.

붉은 색깔의 매혹적인 로즈 티. 수목원 관람을 마친 뒤 '훌리 카페'에서 마시는 차 맛이 일품이다. 긴 연주 끝에 마지막 쉼표 같은 시간. 한줌의 피로와 욕망을 천천히 저어 마신다.

* 황지우 시 <겨울나무에서 봄나무에로> 중에서

침묵의 방

눈에 초점이 없다. 흐린 동공엔 적막이 가득하다. 목청 높여 아는 체를 해도 대꾸가 없다. 우연히 마주친 눈길이 나를 비켜 허공 저 어디쯤을 더듬는 듯하다. 눈을 뜨고 있으나 종착지가 없는 시선들. 몸의 길만 아니라 눈의 길조차 잃어버린 사람들. 삶도 죽음도 스스로 선택할 수 없는 사람들. 세상은 그들의 거처를 '은혜요양원'이라 부른다.

남자 간병사가 한 마비환자의 배설물을 치우고 있다. 나도 모르게 숨을 멈춘다. 식탁 위에 엎질러진 물을 닦아내듯 덤덤하게 그 일을 해낸다. 굵은 목주름 사이로 축축하게 땀이 배어 나온다. 희끗희끗 성긴 머리숱에 등이 휘었다. 육십은 족히 넘어 뵌다. 빼빼한 몸집에 유난히 팔뚝만 굵은 남자. 105호 마비

환자들의 몸을 추스르는 일이 저 한 팔뚝에 달렸으리라.

배설 수발을 마친 간병사가 이번에는 마른 북어처럼 입을 벌리고 있는 노인의 입을 거즈로 적셔준다. 그의 입 속이 갈라진 황톳길처럼 메마르다. 한때는 한 집안을 호령하던 가장의 위엄이 카랑카랑 담겼을 목청. 이젠 오래된 폐광처럼 깊고 어둡다. 입가에 삐죽삐죽 자라난 수염만이 아직 그가 살아 있다는 기척이다.

용남 씨는 방에서 제일 젊은 환자다. '쉬고 싶어'를 입에 달고 살다. 쉰 고개 무렵 치매에 발목을 잡혔다. 한때는 잘나가던 치과의사였다. 그에게 세상은 단 둘로 나뉘어 있다. 자기를 사랑하는 자와 미워하는 자. 사랑을 구별하는 방법 또한 단순하다. 먹을 것을 주는 사람과 안 주는 사람. 오로지 생물학적인 욕구만 남아 있는 듯하다. 그렇게 바라던 쉼을 제정신을 잃고서야 얻게 되다니.

이때 다섯 살 지능을 가진 육순의 기병 씨가 손님께 받은 바나나를 안고 휠체어를 굴려 간병사에게 다가간다. 성한 한쪽 손으로 어줍게 바나나를 집어 내민다. 주름진 간병사의 얼굴에 빙그레 웃음이 번진다. 덩달아 기병 씨가 아이처럼 웃는다. 그 광경을 지켜보던 기병 씨의 팔순 노모가 박수를 쳐 아들을 칭찬한다. 아들의 희끗한 밤송이 머리털을 쓰다듬는 노모의 손이 북두갈고리다.

지인의 면회를 마치고 병실을 나오다 양지바른 창가에 옹기종기 모여 앉은 할머니들을 본다. 하얗게 기억이 지워진 사람들. 그들은 늘 지금 여기에 산다. 아니, 시간과 공간 밖에 머문다. 희로애락 모두 내려놓고 정물처럼 앉아 있다. 텔레비전에선 목하 걸그룹의 현란한 춤사위가 절정을 향해 치닫는 중이다. 이 어른들도 한땐 저렇듯 푸르고 나긋하고 싱싱한 몸을 가진 적이 있지 않았으랴.

세 해 전, 급작스럽게 의식을 잃고 중환자실에 입원했던 친정어머니 얼굴이 떠오른다. 매일 어머니를 뵈러 갔다. 병실에선 날마다 환자들이 죽어 나갔다. 산소마스크를 쓰고 가래를 그르렁거리며 하루하루 목숨을 연명하던 사람들이었다. 살아도 산 목숨이 아닌 사람들 속에서 나는 간절히 빌었다. 식물인간이라도 좋으니 울엄니 조금만 더 살게 해 달라고.

그때 멀쩡한 두 다리로 중환자실을 드나들면서 나는 황송했었다. 지은 복도 없이 내가 팔팔하게 살아 움직인다는 게 특권처럼 여겨졌다. 겸허하게 다짐했다. 목숨 값을 하며 살아야겠다고. 어머니는 한마디 인사도 없이 한 달여 만에 세상을 떠났다. 나는 몸이 쇠약해질 정도로 깊은 상실감에 시달렸다. 잘살겠다던 다짐은 허무에 묻혔다.

요양원을 다녀온 그 밤, 잠을 이루지 못했다. 두 개의 가슴 아픈 영상이 겹쳐 고스란히 재현되었기 때문이다. 이리저리 몸을 뒤척이는데 떠 넣어주는 물조차 삼키지 못하던 마비 환자의 모습이 뇌리를 스쳤다. 그래, 마음대로 몸을 뒤척일 수 있는 이 자유란 얼마나 감격스러운 것이냐!

나는 벌떡 일어나 거실로 나갔다. 두 팔과 다리를 힘차게 흔들며 제자리걸음을 걷다, 직선 곡선 원을 그리며 느리게 빠르게 춤을 추듯 걸었다. 손을 들어 얼굴을 쓰다듬었다. 따뜻하고 말랑하고 부드러운 피부의 촉감이 느껴졌다. 예쁜 컵을 골라 물을 따라 마셨다. 물은 시원하게 목을 타고 뱃속으로 내려갔다. 온몸의 일사불란한 협동, 황홀했다. 사소한 몸짓 속에 깃든 매일의 기적을 너무 당연하게 여기며 살았다.

욕심 때문에 다시 또 길을 잃게 된다면 저 105호 침묵의 방을 떠올리리라. 거기서 본 인생 드라마의 마지막 장면을 기억할 것이다. 무대에서의 역할은 각기 달랐으나 결말은 같았다. 누구도 원하는 대로 마지막 장면을 연출할 수는 없었다. 언제나 뒷모습을 보이던 죽음이 금세라도 삼킬 듯 날카로운 이빨을 드러내고 있었다. 속수무책 그렇게 목숨을 내어줄 수밖에 없는 게 인생이었다.

그 밤 나는 사무치는 진심으로 침묵의 방이 전하는 웅변에 귀기울였다. 적막과 고통뿐인 노년의 풍경을 감당하는 일은 쓸쓸하고 두렵지만 그보다 더 경계해야 할 것은, 눈꺼풀이 맞닿도록 몽매에서 벗어나지 못하고 삶을 허비하는 일이라는 것을.

더 이상 엄살떨지 말고 날마다 우리를 찾아오는 저 새벽에 감사하며 제대로 목숨 값을 해야 한다는 것을.

장마

B의 작업실은 성산리 야트막한 산자락에 안겨 호젓했다. 목백일홍은 비에 젖어 꽃숭어리를 늘어뜨리고, 덩치 큰 누렁이는 낯선 사람을 보고도 짖지 않았다. 창고 옆 마당 가장자리에는 웃자란 잡초 속에 조형물들이 패잔병처럼 불구의 형태로 서 있었다.

살림집은 허름했다. 문은 열려 있었으나 사람은 보이지 않았다. 창고 위쪽으로 새로 건축 중인 집이 보였다. 고개를 빼고 건물 안을 들여다보던 할머니가 기척을 들었는지 무슨 일로 왔느냐고 물었다.

"낯선 사람이지요?"

뜬금없는 나의 반문에 할머니는 허물어진 잇몸을 드러내며 다시 물었다.

"아들 찾아 왔수? 저 안에 있다우."

할머니가 건물 안쪽을 가리켰다. 말소리를 들었는지 남자가 고개를 들어 바라보았다. 유난히 검은 구레나룻에 숱이 적은 곱슬머리, 맑은 눈빛을 가진 사람이었다. 나는 단박에 그가 B 조각가라는 것을 알아차렸다. 그는 일손을 멈추고 눈빛으로 찾아온 이유를 물었다.

"더워서 힘드시죠?"

천연덕스러운 내 인사에 그는 멋쩍은 표정으로 이마의 땀을 닦았다. 나는 지방의 한 신문에 실린 기사를 언급하며 찾아뵙고 싶었노라고 말했다. 딱히 목적이 있는 방문은 아니라고 솔직하게 말했다. 그는 차 한 잔 마실 시간은 된다며 손에 들고 있던 접착제 통을 내려놓았다.

B는 작업실 창고 안으로 나를 안내했다. 정리되지 않은 창고를 보이는 게 편치 않은 듯 여러 번 미안하단 말을 건넸다. 창고 안은 무더웠다. 드나드는 문 말고는 따로 창문이 없었다. 작업 중이던 작품들이 바닥에 되는 대로 누워 있거나 서 있었다.

그가 찻물을 끓이는 동안 나는 창고 안에 설치된 작품들을 둘러보았다. 작품 중에는 새의 깃털을 소재로 한 것들이 많았다. 그는 깃털이 존재를 상징한다고 말했다. 대리석이나 청동 같은 무겁고 단단한 재료를 사용하여 가벼움의 상징인 깃털을 존재로 형상화하고 있었다. 운명의 무거운 수레바퀴에서 벗어나고 싶은 인간의 욕망을 그렇게 역설적으로 표현했는지도 모른단 생각이 들었다.

유독 시선을 끈 것은 외팔을 가진 근육질 남자의 가슴상이었다. 군데군데 절개된 피부 사이로 상처를 헤집어놓은 것 같은 그림들이 새겨져 있었다. 〈터미네이터〉의 주인공을 연상시키는 근육질 남자의 가슴과 상처, 대립되는 두 이미지를 통해 작가가 말하고 싶은 게 무엇인지 궁금했다. 거대한 문명의 속살은 결국 상처뿐이라는 의미였을까? 모든 예술은 세상을 향한 진지한 물음이고 해석이며, 형상화된 물질로 표현되는 조각예술은 세상을 바라보는 또 하나의 창일 터였다. 형태는 저마다 다를지라도 고통과 상처는 예술가의 보편적인 정서라는 것을 확인했다.

앞이 보이지 않을 정도로 폭우가 쏟아졌다. 그는 늦어지는 공사를 걱정하며 길어지는 장맛비를 원망했다. 난 자연스럽게 발이 묶였고 그 우연한 지체를 즐겼다. 그는 두 번째 차를 내왔다. 녹차에 이어 이번엔 호두와 대추가 씹히는 한방차였다.

나는 직관이 주는 믿음에 따라 낯선 사람 사이에 흔히 있을 법한 탐색의 과정을 생략하고 감정의 흐름대로 자유롭게 말을 이어갔다. 그 역시 한결 편안해진 얼굴로 응수했다. 말이 예술가지 '상노가다'나 다름없다며 돌이나 스텐, 쇠를 수시로 져 나르는 일은 물론, 돌가루를 공기 마시듯 하고 나면 술 생각이 간절하다고 했다. 일주일에 두 번 나가는 대학 강사 월급으로는 서울을 오르내리는 차비와 술값 대기도 빠듯하다며 쓴웃음을 지었다. 다행히 인지도가 좀 생기면서 일거리가 들어오는 바람에 밥걱정은 면하게 되었다나. 상노동일망정 대가가 있으니, 골빠지고 빈손인 글쟁이보다야 백번 나은 것 아니냐고 묻지도 않는 말에 자백하듯 털어놓고 은근히 자존심이 상했다.

두 잔째 차를 비우는 동안 어느덧 우리는 스스럼없이 말을 주고받고 있었다. 나도 모르게 손바닥 실핏줄이 터지도록 놀이패랑 어울려 놀았던 이야기를 했고, 그는 얼마 전에 아내와 헤어지고 '돌싱'이 된 사정까지 털어놓았다. 차분하나 무겁지 않은 어조 그리고 과장 없는 단어의 선택은 그가 상당히 절제된 내면의 소유자임을 알게 했다. 작품에서 느껴지던 역동성과 고통이라는 상반된 이미지의 근원이 어렴풋이 짐작되기도 했다.

사실 끊임없이 접속하면서도 소통에 대한 목마름이 가중되는 이유는 피상적인 접촉을 하기 때문인지 모른다. 그와 나눈 이야기들은 사소하고 일상적인 것이었으나 결코 진부하지 않았다. 벽 없이 솔직했기 때문일 것이다. 자유로운 소통 속에서 그가 만든 작품의 의도와 깊이를 확인하는 일은 또 다른 즐거움이었다. 불쑥 그를 찾아 나선 나의 진짜 속내가 이것 때문인지도 모른다는 생각이 들었다.

"풍경 중에 가장 멋진 풍경은 사람 풍경이지요. 괜찮은 사람을 만나기 어려운 게 문제긴 하지만요. 사람은 그 어떤 풍경보다 역동적입니다. 좋은 사람과의 부딪침은 내면에 불꽃이 튀게 하거든요."

그는 진지하게 고개를 끄덕였다. 빗소리가 잦아들고 있었다. 그는 차가 있는 곳까지 우산을 받쳐주었다. 내가 비탈진 언덕을 무사히 넘어갈 때까지 그 자리에 서 있었다.

헛웃음

ㅎㅎ. 종종 눈물이 맺혀. 아니 소나기처럼 가슴을 적실 때도 있어. 그때 눈물은 아주 뜨겁고 짜지. 이상과 현실의 온도 차이에서 오는 심리적 결로현상일 거야. 사람들은 그걸 흔히 위선이라 부르지만 난 생존 방식이라 불러. 때로 그 웃음에 내 영혼이 부패하기도 하지만 어쩔 수 없이 감당해야 하는 부분으로 받아들여. 온통 검은 세상에 살면서 어찌 하얗기를 바랄까. 웃음의 바깥 색은 알록달록해. 그때그때 다른 색이야. 원칙은 있어. 상대를 속이기 위한 게 아니라 내가 살기 위한 최소한의 용병술이라는 것. 세련되었다는 건 아마 안과 바깥의 온도 차이, 색의 차이를 거의 못 느끼게 한다는 것일 거야. 그럴수록 웃음 안쪽에서 일어나는 발효의 과정은 혼란스럽고 치열할 테지만 말이야. 무지

의 시절엔 차라리 순수라는 희망이 남아 있었지. 안팎의 온도 차이는 어쩌면 나와 대척점에서 선 너를 확연히 의식하게 되면서부터 발생한 것일지 몰라. 너로 인해 성립되는 나, 그리고 너로 인해 부패하는 나, 그 모순의 극지를 벗어날 가능성은 있는 걸까. 이따금 웃음의 바깥 풍경이 나를 쓸쓸하게 해. 그 풍경을 이루고 서 있는 수많은 외딴섬들. 그중에 '나'라는 섬이 오늘, 닻을 내리지 못한 채 떠돌고 있네. 헛웃음의 안쪽 무게에 제 가슴이 치인 날인지 몰라. 얼마나 더 뜨겁고 짠 눈물을 흘려야 안팎이 한통속이 된 진짜 웃음을 웃을까.

마지막 경고

당진 오일장이 섰다. 어깨동무하고 늘어선 좌판 파라솔이 가을운동회 만국기처럼 경쾌했다. 허리 꼬부리고 앉은 난장 할머니의 소쿠리엔 깐 알밤이 소복하고, 단골 김 할머니 두부 판에선 뽀얀 김이 피어올랐다. 생선 장수 박 씨는 두 아들을 좌우로 거느리고 일찌감치 좌판을 깔았다.

오늘따라 박 씨의 목청이 득음 고수처럼 카랑카랑했다. 고수의 유혹에 걸려든 사람들이 하나둘 좌판으로 모여들었다. 눈알에 푸른 기운이 채 가시지 않은 은빛 갈치가 도열사병처럼 상자에 가지런했다. 만 원에 다섯 마리. 사람들이 다투어 지갑을 열었다. 예전 같으면 벼르다 큰맘 먹고 사던 지체 높은 생선이었다.

갈치에 눈독을 들이고 있는데 딸이 옆구리를 쿡 찔렀다.

"엄마, 싼 데는 다 이유가 있는 거라고요. 저거 보나마나 일본에서 몰래 들여온 걸 거예요. 후쿠시마 사고 후 죄다 국산으로 속여 판다잖아요?"

딸의 지청구를 들으면서도 갈치에 대한 미련을 떨치지 못했다. 갈치 한 토막이면 진수성찬이라고 믿는 남편 생각이 스치기도 했지만, 검사 결과 먹을 만하다는 판정이 나왔다는 보도를 엊그제 보았기 때문이다. 세슘과 요오드의 함량 지수가 포함되어 있지 않아 불안하다는 언급이 찜찜하긴 했지만 설마 하는 마음이 더 컸다.

미량이라도 장기에 흡착되면 치명적일 수 있다는 방사능 발암물질. 난장에서 생선을 사 간 어르신들 중에 과연 몇 사람이나 그런 물질의 위험성에 대해 정확히 알고 있을까. 나 역시 방사능에 대한 상식이 미천했다. 해로운 정도의 판단 여부를 대부분 정부의 설명에 의지하고 있는 형편이었다. 정부가 마땅히 진실을 알려줄 것이라고 기대해야 하지만 기업의 이익을 위해 여론을 조작할 가능성을 생각하면 불안했다. 결국 살아남기 위해선 스스로 판단할 수 있는 전문가가 되어야 할 판이었다.

일본은 방사능 오염 가능성이 있는 식품을 수입금지한 많은 나라들 중 한국만 WTO에 제소했다. 불량생선보다 더 불량한 짓거리였다. 배후에는 한-일간의 역사적, 정치적인 이슈가 깔려 있을 터였다. 1900년대 중반 서양 열강들의 제국주의적 시각과 조금도 다르지 않았다. 선진 대제국을 자처하면서도 정신은 여전히 진화하지 못하고 유아기에 머물러 있는 꼴 아닌가.

세계화는 먹이 사슬도 글로벌화 하게 만들었다. 지구 한구석이 방사능으로 오염이 되면 전세계가 영향을 받는다. 특히 한국은 일본의 인접 국가로 바다, 대기 등으로부터 막대한 피해를 입고 있는 실정이다. 그러나 정부는 일본으로부터 수입되는 식품 등에 대해서만 신경쓸 뿐 대기로부터 오염되는 국내 농산물에 대해서는 신경을 안 쓰고 있다.

문제는 우리도 남 말 할 입장이 아니라는 데 있다. 우리나라에도 21기 남짓한 원전이 있으며 앞으로 19기의 원전을 더 건설해 총 40기의 원전이 가동될 예정이라고 한다. 선진국에선 후쿠시마 사고 이후 신규 원전에 신중한 반면 우리나라는 거침없이 증가하는 추세다. 독일은 서서히 원전을 퇴출시키기로 했으며 스위스 · 영국 · 프랑스 등도 원자력 발전 비중을 점차 줄여가고 있다. 중국도 26기 원전계획을 잠정적으로 중단, 재검토 후 시동을 걸 만큼 신중한데 우리나라만 한결같이 '안전하다'고 강변하는 이유가 무엇일까.

한국은 원전 의존도가 높아서 단 두 기만 중단해도 전력대란이 일어난다. 사실 원전이 저렴한 경제비용으로 급속한 경제성장에 기여한 공을 부인하기는 어려울 것이다. 그러나 장기적인 안목으로 본다면 그것은 마약 같은 단시간의 효과를 위한 선택이고 또 미래세대에겐 지극히 이기적인 선택일 수 있다. 근래 원자력 마피아니 불량부품에 고장이니 잇달아 문제가 불거지는 것을 보면서 일본의 재앙은 곧 우리 발등에 떨어질 불이라는 생각이 들었다.

일본의 원전 재앙은 원전의 위험성보다는 기술 발전, 자본주의 효용성을 더 중요하게 생각한 데서 온 예견된 사태이다. 일본같이 관리가 철저하고 꼼꼼한 나라도 결과는 체르노빌 사고 때와 다를 바 없었다. 100% 안전이란 불가능한 상태에서 원전은 언제든 터질 준비가 되어 있는 시한폭탄이다. 원전을 대신할 에너지 개발이 멀고 요원한 과제일지라도 이젠 진지하게 방향 전환을 고려할 때지 싶다. 그렇다. 원전사고는 세대를 이어가는 재앙이며 단순히 먹거리만의 문제가 아니다. 근본적으로 우리 삶의 전반을 검토해야 한다는 마지막 경고일지 모른다.

나는 시장을 한 바퀴 돌아 박 씨네 생선가게로 갔다. 절반에도 못 미치는 가격 덕분에 갈치는 불티나게 팔려 나갔고, 방사능이 검출되었다는 고등어와 명태도 뒤를 이어 속속 팔려 나갔다. 박 씨의 전대는 한나절 만에 불룩해 있었다. 애꿎게 좌판에 엎드린 눈 맑은 생선들을 노려보다 문득 체르노빌 원전사고 후 태어난 외짝 눈의 아기를 떠올렸다. 나는 진저리를 치며 부디 이 모든 것이 과민한 자의 지레 걱정이길 빌었다.

혜리

혜리가 '맷돌포' 식당의 한식구로 들여진 건 칠 년 전 여름이었다. 영리하고 온순해서 까탈스런 안주인에게도 귀염을 받았다. 흠이라면 녀석의 암내가 유별나서 동네 수컷 개들을 모두 불러들인다는 것이었다. 수컷들은 종자만 뿌려놓고 사라져서 어떤 녀석이 아비인지 알 수 없었다. 한 배에 보통 대여섯 마리씩 낳는데 혜리의 새끼 사랑은 유난스러워서 이웃 동네까지 소문이 자자했다.

엊그제 중년이 된 혜리가 새벽에 다섯 마리의 새끼를 또 낳았다. 가무족족한 털을 달고 나온 걸 보면 이번에 재미를 본 녀석은 검둥이 수컷이 틀림없었다. 바닷가의 새벽 추위 탓인지 세 마리가 하루를 넘기지 못하고 죽었다. 이튿날 혜리의 눈물겨운 보살핌에도 불구하고 남은 두 마리마저 죽고 말았다.

'맷돌포' 안주인 박 씨는 죽은 새끼들을 개펄에 던졌다. 새끼들을 찾아 동네를 헤갈하던 혜리는 미처 물에 쓸려 내려가지 않은 두 마리를 발견했다. 혜리는 비호처럼 방파제 아래로 뛰어 내렸다. 덥석 새끼들을 한입에 물었다. 호시탐탐 먹잇감을 노리는 괭이갈매기들의 왕성한 식욕을 잘 알고 있던 터였다.

작은 체구로 두 마리를 입에 물고 가파른 방파제를 기어오르는 일은 힘겨웠다. 아귀의 힘이 빠져 물었던 새끼들을 바닥에 떨어뜨리곤 했다. 그때마다 죽을힘을 다해 새끼들을 다시 입에 물었다. 천신만고 끝에 집으로 돌아와서야 혜리는 새끼들을 내려놓고 기진맥진 자리에 누웠다. 그날 혜리는 종일 죽은 새끼를 품고 움직이지 않았다. 밥을 먹을 때 외에는 자리를 떠나지 않았다.

박 씨가 죽은 새끼들을 개펄에 던진 데에는 이유가 있었다. 워낙 여러 마리를 낳다 보니 죽는 새끼들이 더러 있었다. 작년엔 죽은 새끼를 집에서 좀 떨어진 곳에 묻었는데 며칠을 킁킁거리고 돌아다니더니 기어코 찾아내선 물고 왔다는 것이었다. 품에서 썩어갈 때까지 놓아주지를 않아서 하는 수 없이 새끼를 떼어 바닷물에 던져 떠나보내야 했다. 죽은 새끼에 연연하지 않게 하기 위해 다시는 찾을 수 없는 곳으로 떠나보낸 것이다. 그날 혜리는 식음을 전폐하고 집에서 나오지 않더라고 했다.

나는 오랜만에 식당을 찾았다가 우연히 그 현장을 목격하게 되었다. 혜리는 퀭하니 젖은 눈으로 새끼를 품고 있었다. 영락없이 자식을 잃고 실성한 어미의 눈빛이었다. 금방이라도 푹 꺼질 것처럼 안간힘을 다해 버티고 있는 모습이었다.

박 씨는 더 이상 새끼를 건드릴 생각을 하지 못했다. 잡히지 않는 일손으로 저녁 준비를 한다며 공연히 왔다갔다 했다. 나는 불어터진 젖을 한 번 물려보지도 못한 채 널브러진 해산어미에게 미역국이라도 한 사발 먹이고 싶었다. 거친 바닷바람이 혜리의 수척한 몸뚱이를 훑고 지나갔다. 괭이갈매기들의 그악스러운 울음에 귀를 세우던 혜리가 까무룩 두 눈을 감았다.

제3부

늙지 않는 성

밀당의 미학

선생은 매의 눈빛으로 교습생들을 둘러보았다. 범인이 누군지 이미 알고 있는 눈치였다. 나는 풀 죽은 얼굴로 손을 들었다. 내가 바로 박자를 놓치는 바람에 잘나가던 기타합주를 망친 범인이었던 것이다. 등 뒤로 사람들의 나지막한 웃음소리가 들렸다.

나는 '밀당' 즉 밀고 당기는 데에 서툴렀다. 특히 타이밍에 맞춰 밀고 당기고 멈추는 연주기법은 보통의 촉으로는 되지 않았다. 마음은 조급하고 손은 무능했다. 게다가 기본기도 부실했다. 진도에 급급하여 그 단계를 건성 훑고 지나친 것이다. 본격 연주에 들어가자 금세 바닥을 보였다. 걸핏하면 박자에서 이탈했고 허겁지겁 쫓아가느라 바빴다. 선생의 말대로 나는 결국 로망스까지 배우다 포기하는 보통 사람들의 대열에 합류하고 말았다.

애당초 예상된 불화였다. 연하고 말랑한 살과 차갑고 날카로운 쇠줄의 만남이 어찌 순탄할 것인가. 민감한 손가락은 기타줄의 금속성 질감에 질색했다. 줄은 요령 없이 잡아당기는 무식한 손길에 불협화음으로 응수했다. 독선적인 머리는 융통성 없이 연습을 강요했고 손은 우직하게 제 속도를 고집하는 바람에 가슴만 조바심을 쳤다. 줄은 정확히 감성의 현을 자극하지 않으면 결코 제 소리를 내주지 않았다. 피부의 칠갑과 탈피를 거듭하며 손과 줄은 겨우 안면을 튼 사이가 되었으나 갈 길은 여전히 멀었다.

사람의 관계도 그랬다. 관계의 묘미는 '밀당'에 있다는 듯 그 비결에 대한 책들이 쏟아져 나왔다. 소소하게는 남녀 사이의 단순한 연애사에서부터 사업상 거래에까지 '밀당'이 관여하지 않는 곳이 없을 정도였다. 고난도의 '밀당'에 능통할수록 묘미는 극대화되고 경직된 관계는 근육을 풀고 말랑해졌다. 비례해 따라오는 이득도 컸다.

'밀당'에도 복병은 있었다. 자존심이었다. 유일신 자본주의가 보기에 그것은 하수의 처세였다. 고수는 일보 후퇴 이보 전진을 위해 기꺼이 '존심'을 조절하는 영악함이 있었다. 일보 후퇴가 가져다주는 손익계산에 빨랐던 것이다. 물론 하수에게도 깊은 뜻은 있었다. '황새가 붕새의 뜻을 어찌 알리.' 그의 뜻은 물질과는 거리가 먼 형이상학적인 것이었다. 한푼의 이익에 '존심'을 팔기보다 인간다운 품위를 지키는 일이 우선적 가치였다. 굳이 '밀당'을 동원해 자신의 뜻을 관철시킬 의사가 없었다.

대개는 보통사람의 대열에 합류해 흘러갔다. 소박한 안정과 행복이 한껏 그들의 목표였다. 나도 그중 한 사람이었다. '밀당'의 요령은 타고나지도 습득할 배짱도 없었다. 가끔은 주제넘은 욕망이 키를 넘어 속이 들볶였으나 그뿐이었다. 처세의 영민함도 붕새의 큰 뜻도 없이 묻어가는 삶은 자주 우울했고 '존심'에 상처를 주었다. 마지못해 받아들인 운명론의 바탕에는 체념과 비겁함이 깔려 있었다. 허울은 번드레했으나 내면은 허약하기 그지없었다.

어느 날 라디오 방송을 듣다 한 음악 전문가의 말이 귀에 꽂혔다. 그는 싱코페이션(당김음)에 대한 이야기를 하고 있었다. 그것이 어떻게 선율에 감칠맛과 흥미를 더하는지에 대한 설명이었다. 이어 절묘한 타이밍의 조율과 강약 조절이 들어간 당김음 곡들을 들려주었다. '밀당'의 적절한 운용이 얼마나 리듬의 질감을 생동감 넘치고 풍요롭게 해주는지 실감했다.

결국 운용의 묘라는 걸 깨달았다. '밀당'이 취약이 되느냐, 보약이 되느냐는 내가 대상을 어떻게 운용하느냐에 달린 문제였다. 물론 이를 위해선 대상에 대한 예리한 통찰과 자유로운 정신의 개방성이 요구될 것이었다. 살면서 겪었던 크고 작은 갈등의 근원도 알고 보면 내 안의 편협하고 완고한 경직성이 아니었을까. '밀당'은 분명 조율의 한 방편이고 게임의 규칙만 지킨다면 충분히 미학적일 수 있겠다는 생각이 들었다.

배우다 만 기타가 줄이 늘어진 채 방 한구석에 놓여 있었다. '밀당'의 기교에 익숙지 못했던 내 삶의 은유처럼. 나는 기타 줄을 조이고 마음 내키는 대로 한바탕 튕겼다. 그리고 이름을 붙였다. '밀당'의 전주곡이라고.

못생겨도 괜찮다

먼발치로 불국사의 돌각담이 눈에 들어온다. 그리던 정인을 만난 듯 가슴이 설렌다. 검박하되 품위가 있고, 격이 있으나 오만하지 않은 무던하고 편안한 자태다. 그중에 자연석 돌각담은 지지리 못난 돌들로 이루어진 조화의 아름다움을 보여준다. 한동안 눈길로 어루만지고 쓰다듬어도 돌아서면 다시 삼삼해지는 돌각담, 그 하나를 보는 것만으로도 불원천리 달려온 보람은 있다.

돌각담 앞에 서서 먼 시간을 우원하여 건너오는 소리를 듣는다. 자기 안의 울퉁불퉁한 벽을 돌아보라는 질타다. 낯가림이 심한 나는 사람을 깊이 사귀지 못한다. 예민한 사람은 불편하고, 둔한 사람은 갑갑하고, 가진 사람은 아니꼽고, 잘난 사람은 부담스럽다. 적당히 선을 긋고 지내니 속을 털어놓을 일도 없다. 이웃과는 거의 왕래 없이 데면데면 지낸다. 어쩌다 엘리베이터에서 만나면 그렇게 어색할 수가 없다. 내가 세운 벽에 내가 갇힌 셈이다.

불국사의 대석단은 자연과 인공의 조화가 빼어나다. 자연석 돌각담이 석단의 가장 아래쪽을 지탱하게 하고 그 위쪽은 고만고만한 크기로 다듬은 돌을 쌓아 균형을 맞췄다. 기능적인 면만 아니라 균형과 조화의 미를 염두에 두고 축조한 것임을 알 수 있다. 자연석 돌각담은 얼른 보면 아무렇게나 척척 갖다 쌓은 모양새다. 이쪽저쪽 맞추기 위해 깎거나 다듬거나 한 흔적이 없다. 틈이 생기면 생긴 대로, 튀어나오면 튀어나온 대로 쓰고, 너무 크게 틈이 난 부분에만 작은 돌을 채워 넣었다. 그것이 도리어 생동감 넘치는 율동미와 조화를 연출해낸다.

견고한 벽 안에 갇혀서 내가 바라보는 세상은 단조롭고 편협하다. 극단적인 흑백주의에 완고한 청교도적 윤리로 무장된 생기 없는 홈. 숨죽이던 아이들은 주민등록증을 받자마자 독립했고, 남편은 자유라는 깃발을 흔들며 일찌감치 벽을 넘어갔다. 무너진 벽 안에서 깨닫는다. 돌각담의 멋이 조화에 있듯 관계의 조화는 상대를 있는 그대로 받아들일 때 가능하다는 것을.

불국사의 대석단은 아무나 흉내 낼 수 있는 것이 아니라 한다. 석굴암을 고칠 당시 한국의 이름난 돌장이들을 모두 뽑아다 시켜 보았지만 끝내 불국사의 돌각담 같은 재주를 부리진 못하였다고 한다. 최순우 선생의 말마따나 돌장이의 손은 그러한 돌각담의 아름다움을 대견히 아는 좋은 눈들이 길러내는 것일 터이다. 천 년의 풍화를 다시 겪는다 해도 돌각담은 우뚝하게 그 자리에 서 있을 것이다.

돌각담의 미는 헤아릴 줄 알면서 어찌 사람을 이해하는 눈은 갖지 못했을까. 모나면 모난 대로 둥글면 둥근 대로 다 쓰임이 있는 것을. 오로지 쓸모와 내 눈의 편협함에 맞춰 이리저리 재단하자 들면 거기 꼭 맞는 사람이 얼마나 되겠는가. 그럴 권리도 없으면서 사람을 내 틀에 맞추어 판단하고 벽을 세웠으니 내 영혼의 풍경이 얼마나 삭막했으랴.

돌각담의 돌 하나하나에 아는 얼굴들을 포개어 본다. 하나도 같은 돌이 없듯 한 사람도 같은 얼굴이 없다. 무뚝뚝하거나 살갑거나 나름 다 존재의 이유가 있다. 제아무리 잘났어도 혼자서는 돌담을 완성할 수 없고, 제아무리 못났어도 그것이 아니면 안 되는 자리가 있는 법이다. 고고한 척 혼자 구르는 돌보다 어우러져 함께 구르는 돌이 더 빛난다.

돌이켜 보건대 나는 그다지 잘난 돌도 쓸모 있는 돌도 아니었다. 무심히 지나쳐도 좋은 그저 평범한 돌이었다. 그러나 세상엔 잘난 돌보다 평범한 돌들의 쓰임이 더 많다는 걸 알게 된

건 위안이다. 돌이나 사람이나 쓰임의 이치가 크게 다르지 않음을 알 듯싶다. 오랜 눈 맞춤 끝에 두런두런 깨우쳐 주는 돌각담의 한 수가 고맙다.

방지턱

시골 소로小路에선 수시로 방지턱을 만난다. 방지턱의 높이와 형태도 각양각색이다. 울룩불룩 시멘트로 쌓아올린 방지턱은 치명적 복병이다. 어쩌다 한눈을 팔아 그 턱에 걸리는 날엔 차와 사람이 한바탕 요동을 친다. 미리 안다고 해도 상황을 완벽하게 통제하는 일은 쉽지 않다. 삶의 구석구석에 도사린 방지턱은 그보다 훨씬 다양하고 기습적이다. 사는 동안 크고 작은 방지턱을 수없이 넘어 왔다. 걸려 넘어진 적도 여러 번이고 심각한 내상을 입어 치른 비용도 적지 않았다. 대개는 나의 무지와 욕심이 원인일 테지만 시기와 우연에 따른 고난도 많았다. 삶의 수많은 고비를 돌고서야 방지턱 앞에 놓인 안내 표지판들이 또렷하게 보인다. 진작 유의했더라면 더러는 피했을 고통들도 있다.

그러나 눈멀고 귀먹어 깨닫지 못했던 어둠의 시간들도 헛된 것만은 아니었다. 몸으로 부딪쳐 깨우친 경험들은 확실하게 내 것이 되었고, 방지턱은 시련과 성찰이라는 양면의 거울이 되어 나를 틀 잡았다. 정작 경계해야 할 것은 보이는 방지턱이 아니라 내 안의 바윗덩이 같은 완고함인지 모른다. 그 완고함이 녹처럼 스스로를 무너뜨리지 않게 깨어 있을 일이다.

색의 계절

아미미술관을 찾아 나섰다. 한여름 땡볕이 모지락스럽긴 했지만 오래된 폐교를 미술관으로 꾸몄다는 소문이 걸음을 재촉하게 만들었다. 미술관은 생각보다 가까운 곳에 있었다. 문은 굳게 잠겨 있었고, 함부로 들어와서는 안 된다는 경고문이 붙어 있었다. 경고문에 적힌 핸드폰으로 전화를 걸었다. 신호가 한참 울리고, 지긋한 남자의 목소리가 건너왔다. 용건을 말하자 선선하게 옆문으로 들어오는 방법을 일러주었다.

입구에는 맥문동이 질펀하게 보라색으로 피었다 지는 중이고, 교실 담벼락엔 담쟁이가 무성하게 벽을 점령하고 있었다. 잔디를 깐 운동장은 물이 올라 눈부신 초록바다인데, 목백일홍은 농염하게 붉어 대비를 이루었다. 미술관 앞 석상은 겨우 눈코의 흔적만 남은 얼굴로 손님을 맞이했다. 어디로 먼저 가야 하나 갈피를 잡지 못하고 있는데 발걸음 소리가 들렸다. 일을 하다 나온 듯 땀에 젖은 옷을 입은 남자가 눈으로 인사를 건넸다.

"여기 미술관 정원이 아름답다는 소문을 들었어요. 한 번 와 보고 싶었습니다."

"전시회 때 오셨으면 좋았을 텐데요. 지금은 준비 중이라 어수선합니다."

애초 전시 관람이 목적은 아니었기 때문에 크게 아쉽지는 않았다. 미술관은 용도에 맞게 일부 개조가 되긴 했지만 예전 시골 초등학교의 모습을 거의 그대로 보존하고 있었다. 아이들이 앉았던 작은 의자는 조형예술이 되어 벽에 걸려 있었고, 복도 천정엔 알록달록 헝겊으로 만든 새들이 매달려 있었다. 주인공들은 떠나고, 날지 못하는 새들의 침묵만 감도는 미술관은 적막했다.

미술관 한쪽에 자리 잡은 한옥 마당에서 한 여자가 여뀌를 꺾고 있었다. 손에는 한줌 여뀌가 들려 있었다. 여뀌를 꽃으로 볼 줄 아는 여인, 나는 갑자기 오래전부터 알고 지낸 사람처럼 그녀가 가깝게 느껴졌다. 말없이 그 옆에 쪼그리고 앉아 여뀌를 꺾어 건넸다. 그녀는 손을 내밀어 꽃을 받았다. 눈빛이 맑은 여자였다.

"예쁘죠?"

수반에 여뀌를 꽂으며 여인이 말을 건넸다. 나는 '당신도 여뀌처럼 아름다워요.'라고 말하려다 그만두었다. 마당가에 늘어선 조각처럼 긴 목을 가진 여자였다. 그녀는 설치미술가였다. 남편을 따라 시골로 내려와 아이들을 가르치며 이따금 작품 활동을 할 수 있는 지금의 삶에 지극히 만족한다고 했다.

여자와 헤어져 운동장으로 가려는데 뱀이 그림자처럼 내 앞을 스쳐 풀숲으로 사라졌다. 무늬가 화려한 꽃뱀이었다. 뱀이 신경쓰여 땅바닥을 살피다 돌담 밑 고개 꺾인 붉은 상사화와 눈이 마주쳤다. 그래, 이 아이도 한여름에 피는 꽃이지. 열정이란 한여름의 땡볕 같은 것. 부질없는 열정에 부대끼는 것도 한창 때의 일일 터였다. 내가 뜬금없이 이곳을 찾았던 것도 운동장의 느티나무처럼 시들어버린 내 안의 열정을 확인하고 싶어서는 아니었을까.

수령을 알 수 없는 고목 아래 앉아 턱까지 차오르는 숨을 가다듬었다. 뜨거운 열기 속에서도 절정으로 치닫고 있는 것들의 기세는 당당했다. 시야에 들어오는 것은 풍경이라기보다 색色이었다. 모든 색들이 저마다 자기 색으로 선명했다. 하양 · 파랑 초록 · 다홍. 모호함의 여지가 없는 색들이었다. 불현듯 여름은 오롯이 자기 생명력으로 충만한 색의 계절임을 깨달았다.

허물어져 가는 내 안의 색을 떠올렸다. 자기 검열의 억압 속에 나의 한여름은 늘 습기에 차 있었다. 자기 색깔이라곤 없이 착함과 우유부단 사이를 밋밋하게 흘러왔다. 생애 절정도 없이 가을 문턱에 들이닥친 내면은 기신기신 초라했다. 불현듯 느티나무의 매미처럼 목청껏 노래하고 싶어졌다. 어쩐 일인지 목에 선 쉰 소리만 맥없이 새어 나왔다.

뭉게구름이 무심하게 아미산 너머로 꼬리를 감추더니 아무것도 덧칠하지 않은 하늘이 수평선처럼 아득하게 산 위로 펼쳐졌다. 물색없이 흘러온 내 삶이 저럴까 싶었다. 어쩌면 색은 한여름 땡볕을 치열하게 관통한 것들만 지닐 수 있는 특권인지 모른다. 눈길 미치는 곳마다 제 색깔로 뜨거운데 홀로 퇴색하는 느낌이었다. 어질어질 속절없음의 경계를 헤매노라니 한줄기 바람이 스치듯 한마디 던졌다. 퇴색의 안쪽 의미는 가벼워짐이라고.

값

나부죽 엎드려 풀꽃 한 송이를 들여다본다. 그것도 꽃이냐 싶게 작지만 있을 것은 다 있다. 하늘색 화관 안에 노란 수술이 방점처럼 콕콕 박혀 있다. 도르르 말려 있는 꽃차례 때문에 꽃마리라고 불리는데 이것이 태엽처럼 풀리면서 아래쪽에서부터 차례로 꽃이 핀다. 화려하고 소담스러운 꽃들 속에서도 기죽지 않고 제 영역을 확장해가는 앙증스러운 꽃이다. 어김없이 봄이면 피었다 가을이면 진다. 그 당연하고 아무렇지 않은 생멸의 순환과정이 문득 궁금하다. 해마다 꽃사태를 일으키는 이 생동하는 기운은 어디에서 오는가? 그 눈부신 색의 향연이 이토록 마음을 흔드는 까닭은 무엇인가? 차디찬 눈발 속에 속수무책 스러지는 삼라만상의 자취는 어디로 돌아가는가? 케케묵은 삶의 물음이 하필 풀꽃 앞에서 되짚어지는 것은 그 역시 우주라는 그물망 안에서 나와 연결된 존재라는 깨달음 때문이다.

삶은 태어나면서부터 마주침의 연속이다. 인간은 누구나 첫울음을 터뜨리는 그 순간부터 세상에 존재하는 것들과 마주치면서 인다라의 구슬처럼 소리를 낸다. 때로는 기쁨의 공명으로, 때로는 슬픔이나 허무의 공명으로. 누군가의 아픔이 결코 그만의 것이 아님은 우리가 우주라는 그물망 안에 씨줄과 날줄로 이어진 한가족이기 때문이리라. 희로애락은 그 연緣의 마주침이 빚어내는 삶의 무늬일 것이다. 내 인연수첩 속에 그려진 삶의 무늬가 한 송이 풀꽃보다 나을 게 없어서 그지없이 민망하다. 다만 이 순간 엮어가는 내 삶의 씨줄과 날줄에 성誠을 다하는 것이 곧 세상에 태어나 맺은 연에 값하는 일임을 잊지 않고자 한다.

장날

"연분홍 치마가 봄바람에 휘날리더라…. 꽃이 피면 같이 웃고, 꽃이 지면 같이 울던 알뜰한 그 맹세에 봄날은 간다…."

이순은 훌쩍 넘었겠다. 각설이 옷을 차려입은 남자가 장마당 한가운데서 제 흥에 겨워 노래를 불러 젖힌다. 썩 잘 부르는 노래는 아니나 가슴을 후벼파는 호소력이 있다. 꺾고 돌아가는 노래의 굽이마다 살아온 세월의 신산함이 흠씬 묻어난다. 가위질 소리가 철컥철컥 구성지게 끼어들고, 곁을 지나던 불콰한 영감님 어깻짓으로 장단을 맞춘다. 노랫가락이 봄날 햇살만큼이나 흐드러진 당진 장마당, 제 시름을 얹어 바라보는 사람들의 눈빛이 축축하다.

장터 포장마차에 앉아 잔치국수를 시킨다. 뽀얀 멸치 다시물에 숭숭 썰어 넣은 청양고추와 파가 전부인데 맛이 그럴싸하다. 엿장수 아저씨의 노래는 남진의 〈가슴 아프게〉로 넘어가고 어느 애달픈 추억의 뒤안길이라도 더듬는지 목울대에 잠시 경련이 인다. 국수 가락을 후루룩후루룩 넘기는데 자꾸 목이 멘다. 헤퍼지는 감정을 추스르며 고개를 든 순간 맞은편에서 곱창볶음을 먹고 있던 아저씨와 눈이 마주친다. 생면부지의 여인에게 입가에 고춧가루 칠을 하고 브이 자를 그려 보이는 남자, 나도 모르게 피식 웃음이 샌다.

포장마차 옆에서 국화빵을 굽고 있던 마흔 중반의 남자가 엿장수의 마이크를 빼앗듯 가져간다. 돈깨나 들였을 노래솜씨. 지나던 장꾼들이 걸음을 멈춘다. 한 손을 주머니 춤에 꽂고 눈을 지그시 감은 채 술술 노래 고개를 넘어가는 품새가 제법 멋들어지다. "이래도 한세상 저래도 한세상 마음을 달래며 알뜰히 살리라." 세상의 쓴맛 단맛을 일찌감치 섭렵한 듯한 남자의 노래 역시 애늙은이의 청승이 절절하다.

엿판 주변으로 서너 사람이 더 다가든다. 모두 거나하게 취한 낯빛이다. '새마을' 표식이 그려진 모자를 쓰고 갈치 꼬리가 삐죽 나온 비닐봉지를 든 영감님이 노래에 맞춰 어깨춤을 덩싯거린다. 그 옆으로 빨강 체육복을 입은 중년의 남자가 박수를 치며 끼어든다. 좁은 장터 골목은 어느새 춤판으로 바뀌고, 덩달아 신명 난 장꾼들은 어깨를 들썩이며 희희낙락이다.

노는 일에 정신이 팔린 엿장수, 장사는 뒷전이다. 해 떨어지면 장은 이내 썰물 진 바닷가처럼 휑할 텐데 엿은 언제 팔 건가. 오지랖넓게 엿장수의 살림살이까지 걱정해가며 엿판을 살핀다. 손바닥만 한 상자에 들어 있는 엿의 크기가 들쑥날쑥하다. 그야말로 엿장수 마음대로다. 생긴 것은 그래도 쫀득한 질감에 제법 깊은 단맛이 난다.

맞은편 포장마차에선 녹두빈대떡과 수수부꾸미 부침질이 한창이다. 소매를 걷어붙인 아낙 두서넛의 일손이 척척 맞는다. 그중 진분홍 루주를 바른 여인에게 노래를 마친 국화빵집 남자가 엿을 집어 입 안에 넣어준다. 걸쭉한 농담이 건너가고 부침질을 하던 여인이 뒤지개를 들어 남자를 때리는 시늉을 한다. 엿장수의 노래는 〈울고 넘는 박달재〉를 넘고, 녹두전은 고소한 기름 냄새를 풍기며 노릇노릇 익어간다.

고추전 하나를 더 시켜놓고 여기저기 한눈을 파는데 "쪽파 한 가마니 오천 원!" 하는 소리가 확성기를 통해 들린다. 타지에서 온 쪽파 장수가 장터엔 발을 들이지 못하고 시장 입구 저만큼에서 손님을 불러 모으는 소리다. 들어오면서 시장 사람들과 옥신각신하는 장면을 보았는데 기어이 버틴 모양이다.

장날이면 제 몸집보다 더 큰 열무 보따리를 이고 걸어서 시오릿길 장에 가시던 내 어머니도 저러했을 터다. 머리 밑이 빠지게 이고지고 장에 가도 손에 쥐는 건 몇 푼 되지 않는다. 저물녘에 돌아와도 어머니는 늘 빈속이셨다. 나는 생전에 짜장면 한 그릇도 못 사드렸다. 번번이 식당 밥이 싫다고 집밥을 드셨기 때문이다. 어머니라고 어찌 바깥 밥이 달지 않았으랴. '우겨서라도 맛난 밥을 사 드릴 걸.' 뒤늦은 후회로 목이 메는데 갑자기 삐익 소리가 날카롭게 귀를 찌른다. 마이크에 잠시 이상이 생겼나 보다. 포장마차 옆에 진을 치고 있던 강아지가 화들짝 놀라 귀를 세우다 다시 자울자울 낮잠에 빠진다.

취중에도 밥벌이 걱정은 되었는지 마침내 엿장수가 주춤주춤 엿판을 들고 나선다. 포장마차에 앉은 손님들에게 다가가더니 달다 쓰다 사라 마라, 일언반구 말도 없이 그냥 내민다. 싫다 고개를 외면하면 말없이 물러간다. 흐드러지게 노래를 부르던 때와는 영판 다른 모습이다. 진한 술내를 풍기며 돌아가는 남자의 뒷모습에서 남편을 본다. 올해가 정년, 12월이면 퇴직이다. 요새 들어 말수가 부쩍 준 남편, 그 속내가 짐작되지만 그저 안쓰러울 뿐이다. 이순의 엿장수가 '봄날이 간다'고 불러 젖힐 때 자꾸 목울대가 뜨겁던 이유가 거기 있었을까.

바람 많은 장터에서 엿으로 꾸역꾸역 밥을 버는 일은 때로 곤죽이 되도록 취하지 않고는 감당할 수 없는 일인지 모른다. 그 대책 없는 밥벌이를 한판 춤과 노래로 이끌어가는 엿장수의 삶은 비루하지 않다. 현장이 어디든 자기를 긍정하면서 온몸으로 뜨겁게 하루하루를 살아내는 삶은 결코 누추한 변방이 아니다. 평생 장돌뱅이로 돌아친 그의 노래가 심금을 울리는 까닭도 거기 있지 않으랴.

한바탕 순례를 마친 엿장수가 다시 마이크를 잡고 목청을 돋운다. 오수를 즐기던 강아지가 바짝 귀를 세우고, 만국기처럼 늘어선 비치파라솔이 화답하듯 흥겹게 펄럭인다.

늙지 않는 성

허리를 다쳐 오랫동안 누워계신 김 할아버지가 있었다. 옆으로 돌아눕는 것도 혼자 하기 어려울 만큼 상태가 중증이었다. 할머니는 돌아가신 지 오래고 자식들은 도시에 나가 뿔뿔이 흩어져 살고 있었다. 할아버지는 일등급 환자로 요양보호소에 수용되었다.

어느 날 삼십대 요양보호사가 할아버지를 돌보게 되었다. 첫 출근이다 보니 나름 꽃단장을 한 모양이었다. 할아버지의 소피 수발을 들기 위해 바지를 벗기려는 순간, 분 냄새에 자극을 받은 할아버지가 벌떡 윗몸을 일으켜 여자를 끌어안았다. 그녀는 비명을 지르며 발버둥쳤지만 할아버지는 놓아주지 않았다. 사람들이 현장으로 달려왔을 때 여자는 사색이 되어 있었고, 할아버지는 그녀를 끌어안은 채 식은땀을 흘리고 있었다. 시설장이 달려와서야 사태는 수습되었다. 혼자서는 전혀 몸을 움직일 수 없었던 83세 노인이 자기도 모르게 허리를 일으켜 여인을 안을 수 있었던 힘은 본능적 욕구였다.

91세의 박 영감님은 억지 비법을 써서 요양원에 들어온 '나이롱' 환자였다. 돈푼깨나 있는 아들이 으르고 달래 마지못해 들어앉게 된 처지였다. 영감님은 지푸라기 정도가 아니라 볏단도 너끈하게 들었다 내칠 만큼 기력이 있었기에 중증 환자들이 모인 시설에 갇혀 사는 것이 견딜 수 없었다. 단벌 양복일지언정 말끔하게 차려입고 이따금 그 지역에 있는 터미널로 몰래 나들이를 나갔다. 4천 원이면 하루를 즐겁게 보낼 수 있었다. 터미널에 가면 그 돈을 받고 놀이 상대가 되어주는 할머니들을 만날 수 있었던 것이다. 그렇게 바람을 쐰 날 박 영감님의 낯빛은 복사꽃처럼 붉더라고 했다.

유품을 정리하다 발견한 친정어머니의 속옷은 봄날 꽃밭 같았다. 하나같이 강렬한 원색 꽃무늬에 하늘거리는 레이스가 달려 있었다. 쓰다 남은 코티분의 분첩은 반질반질 닳아 있었고 분홍 루주도 옹달샘처럼 홈이 파여 있었다. 그러고 보니 화장기 없는 어머니의 얼굴을 본 적이 없는 것 같았다. 이성 앞에선 늘 다소곳하게 옷매무시를 가다듬던 어머니의 모습도 떠올랐다. 나이 들어 너무 물색 짙은 옷은 천박해 보인다며 퇴박을 놓던 나는 얼마나 철없는 딸이었던가.

이 시대 많은 노인들은 김 할아버지나 박 영감님처럼 성의 사각지대에 놓여 있다. 병이 들어 자리에라도 눕게 되면 그 고립은 유폐된 섬에 가깝다. 그들은 다만 죽음을 앞둔 노인일 뿐, 감정이나 본능이 살아 있는 인격체로서의 대우는 거의 받을 수가 없다. 모든 욕망을 포박당한 채 숨 쉬는 주검으로 존재한다. 몸은 병든 채 시퍼렇게 살아 있는 욕망, 그 서글픈 부조화에 대한 답은 운명론밖에 없는 것인가.

건강한 노인들 역시 우리 사회의 심리적 타자이긴 마찬가지다. 일자리에서는 일찌감치 밀려났고 말의 권위는 땅에 떨어진 지 오래다. 한때 그들은 우리 삶의 토대였으나 세상은 더 이상 그들을 필요로 하지 않는다. 심지어 손자들도 할머니 할아버지를 가족으로 여기지 않는다고 한다. 그들의 결말은 외롭고 쓸쓸하다. 죽기도 전에 잊힌다. 이름도 그럴듯한 요양보호시설에서. 그나마 그렇게 죽음을 맞이하는 것도 호사인지 모른다. 준비되지 않은 개인들은 그조차 해당되지 않기 때문이다.

나이가 들어도 끈덕지게 몸과 마음을 지배하는 성애적性愛的 욕망. 그 욕망은 단순하게 윤리적인 잣대만으로 판단할 수 없는 인간의 본질적 요소다. 세상은 그 때문에 말도 많고 탈도 많지만 또 그것만큼 삶을 역동적이고 생기 넘치게 하는 것도 없을 테다. 사람들이 혼자 있는 것을 고통스럽게 여기는 이유도 그 때문일 것이다. 역사 이래 남녀 간의 상열지사相悅之詞만큼 파란만장한 기록을 가진 것이 또 있을까. 앞으로도 그 주제는 인간사 화두의 첫째 자리를 놓치지 않을 것이다.

바야흐로 인간수명 백세 시대다. 만수무강은 인간의 오랜 염원이니 그보다 기쁜 일이 있겠는가. 하지만 준비가 되어 있지 않으면 재앙 백세가 될 수도 있다. 이젠 노인의 성을 젊은이의 성과 구별해서 보지 않는 의식의 전환이 필요한 시대이지 싶다.

여자가 남자의 갈비뼈로 만들어졌다는 창세기의 내용을 굳이 들먹이지 않더라도 남녀가 서로 끌리는 것은 지극히 자연스러운 일이다. 성이 상품화되는 혼란스러운 세상이긴 하지만, 건강한 성은 단순한 배설이 아니라 한 개인의 삶의 질, 행복할 권리와 관련이 있는 우리 모두의 문제다. 세상에 남자, 여자 아니면 무슨 살맛이 나겠는가. 노인이라고 예외일 것인가.

금곡리에 살으리랏다

부지깽이도 덤벙댄다는 가을이다. 길을 가다 금곡리金谷理 자드락밭에서 깻단을 터는 최씨 할머니 부부를 만났다. 손을 맞춘 듯 노부부의 장단이 신명났다. 토닥토닥! 막대기를 내려칠 때마다 오소소 깨알들이 쏟아졌다. 금세 앞자락이 소복했다. 거들어 드릴까 싶어 다가서는데 눈치 빠른 할머니가 냉큼 한 마디했다.

"아무렇게나 내려치는 것 같아두 그게 아녀. 힘 조절이 안 되믄 다 터져버린다니께. 강약 조절을 잘해야 혀. 깻단을 살풋 들구선 툭툭 건드리듯 쳐야 한다니께."

알알이 여문 것들의 한생이 세상 밖으로 튀어나오고 있었다. 그것들에도 질서가 있었다. 씨방에 물기가 쏙 빠지고 가뿐해지지 않으면 아무리 두드려도 밖으로 나오지 않았다. 모두 제때를 지켜 세상나들이를 하는 것이다. 너른 자드락밭이 온통 고소한 들깨 향으로 뒤덮였다.

"힘들지 않으세요?"

"왜 아녀. 그래도 이게 다 사는 재민겨. 내가 부지런 떨면 여러 사람 입이 즐거우니께. 그리고 땅은 거짓뿌렁 안 혀. 부지런 떤 만큼 보답을 하니께. 그 재미로 올핸 끝이다 하믄서 자꾸 허게 되네."

그리곤 소싯적 이야기를 줄줄 풀어 놓았다. 시어머니를 모시고 어렵게 산 새댁시절부터 자식 셋 출가시킨 사연까지 구성지게 한 편의 드라마를 엮어냈다. 이날 이때까지 얼굴 한 번 찡그린 적 없고 집에 온 손님 빈 입으로 보낸 적 없단다. 한 번도 누굴 원망해 본 적 없고, 퍼주고 살았지만 가난해본 적도 없단다. 한마디로 당신 인생은 할아버지를 만나 되로 주고 말로 받은 남는 장사였다나. 할아버지는 빙그레 할머니의 말에 맞장구를 쳐주었다.

할머니와 두런두런 이야길 나누는 사이 어디론가 가셨던 할아버지가 무를 들고 나타났다.

"요즘 무에 단맛이 들었어. 먹을 만헐껴."

"어머나, 고맙습니다!"

"혼자 먹으면 무슨 맛인겨. 나눠 먹어야 제맛이지."

할아버지는 다 턴 깻단을 묶어 한쪽으로 밀쳐놓더니 자리를 털고 일어섰다. 들깨 향기는 바람에 날리고 일을 마친 부부는 어깨를 나란히 한 채 자드락밭을 내려갔다. 흙과 바람, 햇볕 속에 발효된 노부부의 담담한 사랑, 어느새 그들은 한몸처럼 닮아 있었다.

팔 년 전 봄, 남편을 따라 시골로 내려왔을 때 바람을 쐬러 가자며 처음 데리고 간 곳이 금곡리 길이었다. 봄날 금곡리 길은 온통 꽃천지였다. 봄까치꽃부터 시작해서 산수유 · 개나리 · 진달래 · 벚꽃이 연달아 흐드러지게 피었다. 사이사이 보리 · 감자 · 사과 · 배꽃이 어우러져 꽃 피는 산골을 이루었다. 산세는 나지막하니 유순하고 밭의 흙은 붉고 기름졌다. 저수지 물은 사철 마르지 않으니 가뭄 걱정할 일이 없었다. 집들은 길을 따라 편안하게 이웃해 있어 한눈에 마을 형편을 헤아릴 수 있었다.

제아무리 긴 장마에도 금곡리는 무탈했다. 황토에서 자란 감자는 알이 굵고 분이 많이 나서 농수산물 시장에서 일등급을 받았다. 해풍을 쐬고 자란 육 쪽 마늘은 제값을 톡톡히 받아 효자 노릇을 했다. 깊은 단맛을 내는 황토 단호박은 끼니를 대신하는 든든한 영양식으로 호평을 받았다. 수로엔 늘 물이 그득했고 푸른 들엔 백로와 왜가리가 날았다. 멀지 않은 곳에 포구가 있어 일출의 장관을 즐길 수 있었고, 봄가을엔 안개가 신비한 풍광을 연출하는 장면도 감상할 수 있었다. 하루 두 번 버스가 다녀서 장을 보는 것도 어렵지 않았다.

금곡리의 겨울은 평온한 쉼에 든 듯 고즈넉했다. 빈들엔 허수아비가 춤을 추고 살얼음 낀 저수지 양지바른 곳에선 물오리들이 오수를 즐겼다. 바람은 순례자들처럼 늘어선 사과나무의 빈 가지를 흔들어서 무반주 첼로의 선율을 들려주었다. 삼삼오오 마을회관에 모인 어른들은 잘 삭은 김치에 호박죽이나 팥죽을 나눠먹으며 십 원짜리 화투를 쳤다. 칠십 어름의 나이는 청춘이었다. 돌아가며 밥당번을 했다. 그들은 모두 꽃다운 나이에 만나 사과나무처럼 허리가 휘도록 한식구처럼 지낸 이웃이었다.

마을 어른들은 중년이 훌쩍 넘은 나를 새댁이라고 불렀다. 요즘 들어 남편의 회사 사정이 어려워진 것을 알고 내 일처럼 안타깝게 여겼다. 만날 때마다 눈에 띄는 대로 사과 몇 개, 고구마, 무 같은 것들을 손에 들려주었다. 건네는 손은 북두갈고리처럼 거칠었으나 마음은 더없이 따스했다. 그저 건강만 하면 된다고 등을 쓸어주실 때는 가슴에 온기가 돌았다.

땅도 물도 인정도 풍요로운 마을. 정직하게 땀 흘린 대가에 순응하며 사는 순박한 이웃들. 금곡리는 그런 곳이었다. 처음엔 남편의 직장을 따라 내려온 터라 적응하기가 쉽지 않았다. 그러나 여덟 번의 가을을 보내는 동안 나는 금곡리에 흠뻑 정이 들었다. 들에서 난 푸성귀들로 건사한 몸은 활기에 넘쳤고 무엇보다 유순한 사람들 속에서 청산녹수를 병풍처럼 두르고 욕망의 부대낌 없이 살 수 있었던 건 큰 축복이었다. 하여 내 소박한 바람은 내년에도 후년에도 금곡리에서 들깨 향기 바람에 날리는 가을을 누리는 것이다.

원

나는 원래 한 개 둥근 세포였다. 그때 어머니의 둥근 아기집은 얼마나 포근하고 아늑했을 것인가. 열 달 동안 안락한 유영을 누리다 나온 세상 역시 둥글었다. 우리가 몸담고 사는 지구며 이웃해 있는 행성들 그리고 나무에 매달린 열매까지 대부분 구체였다. 그뿐인가. 사람의 얼굴을 묘사할 때도 일단 둥글게 그리고 보았다. 이 모든 게 그저 우연일까.

30개월 된 아기들을 대상으로 실험을 했다. 동그라미와 네모 중 어떤 형태를 더 잘 기억하는가 하는 것이었다. 실험에 참가한 아기들은 하나같이 둥근 모양은 기억했으나 네모난 것은 기억하지 못했다. 인간은 선천적으로 자기 얼굴을 닮은 형태를 좋아하며 둥근 모양과 곡선을 더 선호한다는 사실을 입증한 실험이었다.

둥근 모양 가운데 우리의 신명을 돋우는 사물이 있다. 공이다. 공은 끊임없이 움직인다. 어디로 튈지 모른다. 그 예측불허의 긴장감 때문에 사람들은 공으로부터 시선을 떼지 못한다. 공의 방향에 따라 순간순간 승패가 엇갈리고 사람들의 희비도 춤을 춘다. 보통 때의 감성지수는 6정도인데, 공을 좇는 사람들의 뇌파에선 14.6이라는 극도의 희열 상태를 알려주는 흥분지수가 측정된다고 한다. 사람들이 최대한 공의 움직임을 잘 볼 수 있는 자리를 차지하기 위해 비싼 돈을 지불하고 밤샘 수고를 아끼지 않는 것도 그 때문이리라.

오죽하면 공에 신의 지위를 부여했을까. 일본 시라미네에는 공의 신들을 모신 신사가 있다고 한다. 특별한 의미가 있는 '공신'들을 전시해 놓고 구기 종목의 선전을 비는 의식을 치르는 곳이다. 선수들은 공의 신 앞에 허리를 구부리고 승리를 염원하는 기도를 올린다. '공신'의 사랑을 받고 부와 명예와 권력을 소유하게 되기를 꿈꾸는 것이리라. 공은 단순한 놀이도구가 아니라 강력한 욕망의 도구이기도 하다.

우리나라 화폐 단위를 가리키는 말 역시 둥글 원圓이다. 이 원은 인간을 사로잡는 사물 가운데 으뜸이 아닐까 싶다. 우리 속담에 "돈만 있으면 개도 멍첨지"라는 말이 있다. 아무리 천한 사람이라도 돈만 있으면 남들이 높이 대접해 준다는 말이다.

우리는 지금 속담이 구체적 일상이 된 현실에 살고 있다. 성형중독에 끝없는 스펙 쌓기, 고매하신 정치인들의 불법거래나 엽기적 살인, 막장드라마에 남편이 쥐꼬리 용돈을 쪼개 로또복권을 사는 것, 모두 '원'이 가져다주는 마법의 힘을 소유하기 위함 아니겠는가. 상하를 구별하고 귀천을 나누는 '원'은 유일신의 권력을 가진 힘의 도구다. '자본주의를 종교가 사라진 자리에 유일하게 남아 있는 신흥종교'로 지적한 것도 무리는 아니다.

반대로 물신은 인간의 행복에 전혀 관심이 없다. 녹이 스스로를 먹어치우듯 물신은 자기를 추종하는 신도들이 통제되지 않는 탐욕으로 파멸되게 하는 속성을 지니고 있다. 물신의 위력이 기형적으로 팽창하고 부흥할수록 세상의 어둠은 짙어진다. 지금 세상은 한치 앞 분간이 어려운 어둠 속에 있다. 그러나 어둠이 깊을수록 별은 빛난다던가. 누군가는 이 칠흑의 어둠 속에서 명료하게 빛나는 별을 보고 나아갈 방향을 찾지 않으랴. 그들은 끝내 '원'이라는 유일신에게 영혼을 팔지 않고 용감하게 자기를 지켜낼 것이다.

원만하다 할 때의 원도 같은 둥글 원圓 자다. '모자람 없이 온전하다.'는 뜻을 담고 있다. 모나거나 거칠지 않고 서글서글한 사람을 가리킬 때 흔히 쓰인다. 모난 데가 없으니 정 맞을 일이 별로 없다. 그런 사람 주변에는 친구가 많다. 무엇보다 본인 자신이 평화로운 삶을 누린다. 옛 선현들은 조화를 관계 속에 살아가는 존재로서 갖춰야 할 덕목으로 꼽았다. 둥글다는 말에는 넓이와 깊이가 함축되어 있다. '둥글 원'이 바로 이것과 저것을 아울러 조화를 이룬 온전함을 상징한다면 과언일까.

하나의 둥근 세포로 출발한 인간은 성장하면서 자기의 모양을 만들어 간다. 평생 자기가 추구하는 모양을 만들다 결국 생성될 당시의 점, 한 개의 먼지로 돌아간다. 자신을 둥글게 가꾸고 다듬는 것은 어쩌면 생존본능인지 모른다. 생명이든 공이든 돈이든 성품이든 거칠고 모나면 오래 존속할 수 없기 때문이다. 사람이 어릴 적부터 둥근 것에 시선이 오래 머물고 호감을 보이는 이유가 거기 있을까. 그래, 나와 '원'과 우주의 원리는 아주 오래 전부터 각별한 내연관계였을지도 모른다.

시선

하나

청년의 시선이 허공에 멈춰 있다. 곁에 선 마네킹만큼이나 무표정하다. 지하상가 12호. 두 칸 점방이 그의 밥줄이다. 사람들이 무심하게 그를 스쳐 간다. 흘깃 가게 안을 들여다본다. 곱슬머리 남자가 핸드폰에 고개를 박고 다리를 들까불고 있다. 저녁 장사를 해야 할 시간, 어깨를 늘어뜨린 채 허공을 배회하는 청년의 시선이 눈에 밟힌다.

열 번도 넘게 청년이 있는 가게 앞을 지나쳤을 것이다. 지하철을 타기 위해 거쳐 가야 하는 곳이다. 지하상가엔 수백 개의 밥줄들이 밤낮으로 불을 밝히고 있다. 미로 같은 통로에 빼곡하게 들어선 점방들. 재치 넘치는 유혹에 눈물겨운 하소연까지,

손님의 눈길을 끌기 위한 작전들이 치열하다.

그 가게에 손님이 드나드는 것을 본 적이 없다. 내가 지날 때마다 그는 늘 가게 밖에 있었다. 그날도 그랬다. 청년은 팔등신 마네킹 옆에 서서 초점 없는 눈빛으로 먼 데를 바라보고 있었다. 하늘 대신 만국기 같은 간판들만 현란한 지하상가. 패기 넘쳐야 할 젊은이의 눈빛에서 바닥을 읽는 일은 우울하다.

사람들이 가끔 가재미눈으로 가게 안을 바라보긴 했으나 그뿐. 흔히 그렇듯 눈이 마주칠세라 서둘러 지나쳐 갔다. 손님의 등을 좇던 청년의 눈길은 허망하게 바닥을 사선으로 더듬다 제자리로 돌아갔다.

나는 웃음이 사라진 그의 얼굴에서 12호 점방의 앞날을 예감했다. 차마 청년의 앞날까지 헤아리는 일은 할 수 없었다. 나는 그 앞을 지나는 무심한 행렬에 끼어 빌었다. 바닥은 꿈을 묻고 꿈을 일으켜 세우는 자리란 것을 알 때까지 그가 버티게 해 달라고.

둘

아버지 레오폴트 모차르트는 말한다. 다시 내게로 돌아와 달라고. 세상에 홀로 나가기엔 넌 너무 어리다고. 아들 모차르트는 절규하듯 외친다.

“난 다른 사람 될 수 없어. 나는 당신이 될 수 없어. 아버지가 원하는 삶 아닌 그냥 내가 되겠어…. 돌아가지 않아. 계속 나의 길을 가고 싶어."

있는 그대로 자기를 사랑해 주기를 바라는 모차르트와 언제나 천재성만을 요구하며 주어진 작곡활동을 강요하는 아버지의 엇갈린 시선이 팽팽하다. 끝내 거리를 좁히지 못한 두 사람. 아버지는 분노 끝에 아들과 결별하고 아버지로부터 자유를 얻은 아들은 새로운 삶 속에서 온갖 수난을 겪는다.

권력자 콜로레도 대주교의 시선은 오직 자신의 명성을 위해 모차르트를 이용하는 데 있고, 베버부인의 시선 역시 모차르트에게서 돈을 얻어내는 데만 초점이 맞춰져 있다. 모차르트의 천재성은 끝내 왜곡된 시선을 가진 사람들에 의해 파괴되고, 죽어서까지 철저하게 상업적인 시선 때문에 편히 쉬지 못한다.

시선이란 얼마나 엄청난 권력인가. 내 시선으로 자유롭게 산다는 것, 그 여정은 또 얼마나 고독하고 험난한가. 뮤지컬 〈모차르트〉를 통해서 시선의 차이가 구속과 폭력이 되는 것을 본다. 그럼에도 나의 시선으로 살아야 한다는 것, 그것은 어떤 고통을 감수하고서라도 지켜내야 할 가치라는 것을 깨닫는다.

셋

독산역에서 출발하는 지하철은 모두 안양을 거쳐 간다고 생각했다. 확인한 사실이 아니면서도 그에 대한 내 믿음은 굳건했다. 텅텅 빈 좌석을 보면서 환호작약했을 뿐 별다른 의심을 하지 않았다. 출발해서 두 정거장쯤 지났을 때 '이 차량의 종점은 광명역이며 두고 내리는 물건이 없도록 주의하라.'는 안내방송을 듣고서야 내가 탄 차가 목적지로 가지 않는다는 사실을 알아차렸다.

광명역은 KTX가 출발하는 별도의 역이었다. 안양으로 가려면 다시 구로 쪽으로 거슬러 올라갔다 내려와야 했다. 좀 쉽게 간다고 버스 대신 지하철을 이용한 터였다. 다시 서울 방향으로 돌아가는 것은 내키지 않았다. 건물 청소를 하고 계시던 아저씨에게 물어서 안양 가는 버스 정류장을 알아냈다.

버스는 이 마을 저 마을을 두루 거쳐 한참만에야 나를 목적지에 내려놓았다. 예상했던 시간보다 두 배나 더 걸렸다. 설상가상 내가 타려던 시외버스도 막 떠나서 두 시간 가까이 기다려야 하는 상황에 직면했다. 새삼 고정관념에 갇힌 내 시선을 탄식했다. 고지식한 사고 때문에 겪은 불편이 한두 번이 아니었던 것이다. 비단 잘못 탄 차뿐이랴. 인생의 행불행도 시선에 좌우되는 일이 얼마나 많던가.

고지식한 시선에 잠시 쉼표를 찍는다. 언제나 직진, 직선을 기대하던 나의 조급함이 보인다. 누구도 가파른 오르막과 내리막이 중첩된 인생길을 가로질러 갈 수는 없다. 중요한 건 직선과 곡선을 아우르는 자유로운 시선 아니겠는가. 천성을 바꿀 수는 없겠지만 시선만큼은 새처럼 자유롭게 나는 꿈을 꾼다. 발칙한 상상 속으로 무수한 길들이 열리는 듯하다.

호박

흔히 박색薄色을 호박에 비유한다. 호박 입장에서 보면 그다지 공평한 처사는 아니지 싶다. 사람 입장에서 보아도 부당하긴 마찬가지일 테지만.

지난가을 가까이 지내는 이웃에게 호박 하나를 얻었다. 때깔이 곱고 모양도 빼어나서 그냥 먹어치우기는 아까웠다. 겉 태는 적당히 둥글납작했고 고루 잘 익은 몸집은 얼룩거리는 데 없이 맑은 주황색을 띠었다. 게다가 알맞은 간격으로 나 있는 세로줄 무늬가 전체의 균형을 잡아 주어서 사람으로 치자면 일등 신붓감이었다.

어느 날 그 호박에 변화가 생겼다. 꼭지 가까운 데서부터 색깔이 변하기 시작한 것이다. 알아볼 정도로 표가 나는 걸 보면 속도 성치 못할 게 분명했다. 손가락으로 살짝 눌러보니 예전의 탱글탱글하던 질감은 사라지고 물렁하니 손자국이 생겼다. 그림처럼 오래 두고 볼 마음이었는데 한 해를 못 넘기다니, 애석했다.

내 것이 되면 하찮은 대상에도 애착이 생기는 모양인지 내다 버릴 일이 은근히 마음 쓰였다. 하긴 호박으로서도 생긴 대로 사는 것이 지복일진대 박제된 상태로 인간의 눈요기가 되는 것보다야 저 너른 땅에 뒹구는 것이 백배는 더 좋은 팔자일 것이다. 기왕이면 또 한세상 넌출을 뻗어 가라고 볕 좋은 둔덕에 내다놓았다.

첫눈이 내리도록 호박은 묵정밭에 펑퍼짐하게 눌러앉아 있었다. 여전히 탯줄 같은 꼭지를 끊지 못한 채였다. 까부라져 누운 풀들 사이에서 호박의 주황색 살집은 여인의 허연 둔부처럼 시선을 끌었다. 손가락으로 호박을 누르자 푹 꺼지면서 물컥, 짚이는 게 있었다. 휑하게 뚫린 구멍으로 구더기가 오글오글 기어나왔다. 호박은 벌레들에게 속살을 내어주고 텅 비어 있었다. 호박의 보시로 통통해진 벌레들의 희멀건 살빛은 역겨웠다. 구멍이 뚫린 호박은 기다렸다는 듯이 폭삭 주저앉았다.

그 장면은 한동안 뇌리에서 떠나지 않았다. 이따금 그곳을 지날 때마다 호박 속을 반절이나 차지했던 벌레들을 생각하며 진저리를 쳤다. 그 해 겨울이 지나고 봄이 왔다. 헐거워진 흙을 헤치고 풀들이 돋아나던 무렵, 호박이 있던 자리에 다시 가 보았다. 호박의 허물은 간데없고, 다보록이 호박 떡잎이 자라 있었다. 혹한의 추위에도 씨앗들은 살아남았던 것이다.

생멸生滅의 순환은 자연의 순리다. 식물은 제 몸을 썩혀 안에 있는 씨앗들을 세상으로 내보낸다. 겉살은 물러 주저앉아도 기어코 흙에 묻혀 싹을 낸 다음 숨을 놓는 게 씨앗의 본성인가. 그렇게 식물은 수수만년 자신들의 삶을 이어왔을 게다. 그런 줄 알면서도 붙들어두려던 것이 과욕이었다.

해마다 봄이 와도 새순이 돋지 않는 내 마음 밭은 불모不毛의 땅이련가. 온전히 내어줄 줄도, 제대로 썩을 줄도 모르는 미련함 탓이리라. 지천명의 고개를 넘은 지도 여러 해다. 이제 욕망의 군더더기에 구더기가 슬도록, 그래서 생의 알맹이만 남고 가벼워질 수 있도록 나도 호박처럼 흠뻑 썩어보고 싶다.

제4부

먼 길

어우러지다

맛있다! 첫술을 뜨고 튀어나온 일행의 한마디가 입을 맞춘 듯 똑같다. 한 뚝배기에 담긴 감자옹심이와 메밀국수. 질박하게 살아 온 부부의 궁합이 이러할까. 쫄깃한 식감에 감칠맛 도는 국물은 곱게 간 들깨와 감자의 담백함이 어우러져 최상의 조화를 이루었다. 거기다 슴슴한 열무김치를 곁들이니 뒷맛까지 개운하다.

음식 맛이 탁월하니 건물의 허름함을 탓하지 않는다. 도리어 예스럽다며 이미지 포장까지 덤으로 얹어준다. 맛이 부린 요술이다. 궁하던 시절에 먹던 음식이 웰빙의 이름을 달고 지역의 효자 노릇을 한다. 강원도 감자옹심이 메밀칼국수. 제대로 원조 맛을 봤다.

재료는 거의 비슷한데 왜 식당마다 맛이 다를까. 듣고 보니 소문난 식당 쥔 아주머니의 비법이란 게 지극히 평범하다. 신선한 재료와 기본에 충실한 조리법을 잘 지키면 된단다. 사람이 맛을 내는 게 아니라 재료들이 어우러져 스스로 맛을 낼 수 있도록 조리해야 한다는 것이다. 혀는 그 맛의 차이를 기막히게 구별해 낸다. 진짜 맛집에 손님이 북적대는 이유가 거기 있으리라.

어우러짐의 맛에 꽂힌다. 그러고 보니 천지에 어우러짐 없이 되는 일이 없다는 걸 깨닫는다. 음식은 물론 문학 · 음악 · 미술 · 수학까지 그 안을 받치고 있는 구조물은 완벽에 가까운 균형과 조화다. 그뿐인가. 울긋불긋한 가을산은 어우러짐의 절정이다. 서로 다른 것들이 섞이고 스며서 어우러지는 것, 그것이야말로 예술의 극치가 아닐까 싶다.

사람살이는 어떤가. 저 잘난 맛으로 사는 세상이다. 저마다 색깔은 뚜렷하나 곱게 어우러진 모양새는 아니다. 겉으론 화들짝 반가운 체해도 속은 따로국밥이다. 처세에 노련한 사람들은 굳이 속내를 보이지 않는다. 적당히 분위기를 맞추다 헤어지면 그뿐이다. 필요에 따라 만들어진 인연은 필요가 다하면 절로 쇠한다.

진심이면 다 되는 줄 알았던 때가 있다. 진심은 증명되는데 시간이 걸리고 쉽사리 왜곡되기도 한다. 진심만으로는 변화하는 세상 인심을 감당할 수 없다. 무엇보다 시대의 흐름이 바뀌었다. 머니가 진심을 압도하는 세상이 된 것이다. '머니'는 사람들을 고분고분하게 만든다. 물론 그렇게 위장된 어우러짐은 '머니'가 해체될 때 허무하게 사라지겠지만.

무난한 어우러짐에도 종종 엇박자는 생긴다. 십중팔구 말의 호된 간이나 생각의 부적절한 배합 혹은 기호의 차이 때문에 빚어지는 현상이다. 고의라기보다 과실인 경우가 많다. 음악에서 엇박자는 매력적인 포인트다. 안타깝게도 나는 엇박자를 반전의 기회로 치고 나가는 재치와 융통성을 타고나지 못했다.

살면서 늘 원조의 참맛만 맛보고 살 수는 없을 테다. 대부분의 사람들은 유사類似의 맛에 적응하며 그럭저럭 산다. 최고가 아니라 차선에 자신을 길들이는 것이다. 관계도 마찬가지다. 모든 이와 최상의 관계를 누리긴 어렵다. 최상과 유사한 관계, 사람들은 진짜보다 그 유사의 관계를 더 편안해 할지 모른다. 진심을 나누는 일은 심리적 비용이 많이 들어 부담스러울 수 있기 때문이다.

세월 따라 나도 변해 간다. 좀 헐렁해지자 싶다. 진심이 아닌들 어떠리. 어차피 완벽하게 합일을 이루는 관계는 불가능한 것을. 상식을 벗어나지 않으면서 그때그때 분위기에 맞는 처신을 하면 되는 것 아닌가. 속없이 진심을 들이댄들 쌍방통행이 이루어지지 않으면 헛짓이다. 무엇 때문에 그런 밑지는 장사를 한단 말인가. 그런데 왜 자꾸 마음 한구석이 허전해지는 걸까.

옹심이 칼국수의 진짜 맛 비결이 기본을 지키는 데 있다고 했던가. 기본에서 혁신이 난다고 했다. 그 기본을 못 지켜서 나는 원조의 반열에 이르지 못하고 유사의 반열에 머물러 사는 것이리라. 언제나 눈은 높고 몸은 조냥 제자리다.

그래도 끝내 포기할 수 없는 한 가지가 있다. 글만큼은 유사가 아닌 진짜 글을 쓰고 싶다. 그러려면 옹심이 칼국숫집 아주머니의 말처럼 다시 기본으로 돌아가야 할는지 모른다. 신선한 소재를 선택하는 일에서부터 각각의 소재들을 성질대로 파악하고 엮어내는 기술 그리고 그것들이 서로 스미고 녹아서 옹골진 주제를 산출하는 조리방식까지 제대로 어우러진 글의 한판을 펼쳐보고 싶다.

그런데 어쩌랴. 신선한 재료가 건강한 땅에서 나오듯 글과 삶이 다를 수 없으니 먼저 마음 밭부터 기름지게 가꾸라는 선행명령에 직면하고 만다. 진심 없는 진짜가 어디 있느냐는 일침까지 곁들여서. 진짜의 길, 어우러짐의 길은 멀고도 멀다. 그 먼 꿈이 늘 나를 목마르게 한다.

남편의 물건

오랫동안 쓰던 물건들을 정리하는 일은 쉽지 않았다. 수십 년 눈 마주치고 산 것들은 더 이상 사물이 아니었다. 시집올 때 어머니가 장만해준 장롱을 헌신짝 버리듯 딱지를 붙여 내놓을 때는 몹쓸짓이라도 한 것처럼 죄스러웠다. 남편도 버린 물건들을 자꾸 뒤적이며 내놓았다 들여놓기를 반복하고 있었다. 버려진 짐들은 하필 비를 맞으며 떠나는 주인을 배웅했다.

새집에 짐을 풀었다. 이전 집에 있다 딸려 온 물건들은 좀체 제자리를 찾지 못했다. 며칠이 지나도록 상자 안에 갑갑하게 갇혀 있었다. 손님이 오기로 한 날이 닥쳐서야 허둥지둥 자리를 만들기 시작했다. 남편은 자꾸 헛손질을 했다. 일의 능률은 오르지 않고 이리저리 옮기는 시늉만 하면서 시간을 흘려보내고 있었다. 물건이 놓일 자리와 마음이 정한 자리가 안성맞춤으로 맞아떨어지기는 쉽지 않은 모양이었다. 하루해를 꼬박 걸려 정리를 마친 남편은 일찌감치 곯아떨어졌다.

차마 버리지 못하고 싣고 온 물건들 중에 두레상과 맷돌이 있었다. 이번엔 정말 버리자고 우겨도 끝내 버리지 못하고 남편이 끌어안은 물건이었다. 어릴 적 아버님이 손수 만들었다는 두레상은 지름 75센티 크기의 통판으로 짠 것이었다. 상 가장자리에는 가늘게 줄을 새겨 멋을 냈다. 상다리는 못질 대신 홈을 파고 촉을 끼워 접고 펴기 편하게 만들었다. 남편이 서너 살 적에 만든 것이라니 근 육십 년을 함께해 온 셈이었다.

니스 칠이 벗겨진 상은 결마다 묵은 때가 끼었다. 관절 앓는 노인처럼 헐거워진 상다리는 겨우 상판을 지탱하고 있었다. 진작 고방 신세가 된 물건이었지만 남편은 보물단지처럼 그 상을 아꼈다. 시부모님과 삼남매가 둘러앉아 밥을 먹던 상이었다. 남편은 그 밥상머리에서 철이 들었고 아버지가 되는 법을 배웠다고 했다. 뼛골에 바람 드는 나이가 되어서야 한상에 식구들을 둘러앉히고 밥을 먹여야 했던 아버지의 무게를 헤아리게 되었다며 회한에 잠기기도 했다. 그는 책상을 마다하고 굳이 두레상에 앉아 신문을 읽었다.

상 못지않게 남편이 아끼는 물건이 또 있었다. 맷돌이었다. 맷돌은 어머니가 아끼던 살림살이 중 하나였다. 녹두빈대떡과 두부를 좋아하는 가족을 위해 어머님은 수시로 맷돌을 돌렸다. 남편은 맷돌을 돌리며 밤새 뿔난 사춘기 아들을 다독이던 온화한 어머니를 그리워했다. 녹두빈대떡 부치는 기름 냄새에 코를 킁킁거리던 소박한 토담집 시절을 되뇌기도 했다. 맷돌은 아파트 베란다 한가운데 자리를 잡았다.

제 피붙이들이 오자 남편은 은근히 베란다에 놓인 맷돌과 두레상으로 주의를 끌었다. 누가 먼저랄 것도 없이 삼남매는 한통속이 되어 옛날이야기를 하기 시작했다. 어쩌다 만나도 무덤덤하게 '잘 지냈냐.' 한마디가 전부인 그들도 추억 속에서는 아이들처럼 수다스러웠다. 맷돌이라는 타임머신을 태워 동생들을 과거 속으로 불러들인 맏이의 표정은 의기양양했다. 맷돌이 호명하는 제 나름의 추억을 좇아 형제들이 모처럼 찰진 이야기를 나누는 동안 나는 조용히 찻물을 끓였다.

물건을 소유했던 주인이 누구냐에 따라 평범한 물건도 수천 달러를 호가하는 경우가 있다고 한다. 이베이 경매 사이트에 올라온 물건 가운데는 케네디 대통령 집안에 있던 줄자가 있었는데 48,875달러에 팔렸다고 한다. 심지어 나폴레옹 무덤 근처에 있는 나무도 기념품으로 뽑혀 경매에 붙여졌다나.

남편의 물건을 값으로 따진다면 얼마나 될까? 거저 준대도 가져갈 사람이 있을 것 같지 않았다. 물론 남편도 웬만한 값으로는 두레상과 맷돌을 내놓지 않을 것이었다. 시골로 도시로 이사를 다니면서도 끝까지 끌어안았던 물건이었다. 하긴 눈길 한번이면 오롯이 어릴 적 추억을 되돌려주는 물건을 어찌 돈으로 환산할 수 있겠는가. 아니, 그림자처럼 그 물건에 깃든 부모님의 혼을 어찌 내다 팔 수 있단 말인가. 남편에게 그 물건들은 시간이 흘러도 더 이상 낡지 않을 것이었다. 끝내 용도 폐기되지도 않을 것이었다. 시간이 흐를수록 더욱 그립고 생생하게 그의 추억을 호명하며 살아남을 것이므로.

남편이 과묵하게 입을 닫고 베란다를 내다보는 어스름 저녁, 나는 슬그머니 자리를 비켜주었다. 아득한 추억 속에서 그는 모처럼 어머니의 맷돌 소리를 듣고 있는지 모른다. 아니, 다섯 식구 둘러앉은 두레상 앞에서 수굿이 아버지의 한 말씀을 경청하고 있는지도 모른다.

생인손

"꽃이 펴도 좋은 줄 몰류. 그냥 때가 되니 피나부다 허쥬. 풀 맬 생각에 정신 빠져서 그딴 거에 맘 줄 짬이 있간유. 이 꽃들은 죄다 아들이 갖다 심은 거유."

괜히 물었구나 싶었다. 평생 허리 휘도록 땅과 눈을 맞추고 살아오신 강 씨 할머니에게 꽃은 그저 일철을 알리는 신호일 뿐이었다. 개나리가 뒤울안을 울타리처럼 감싸고, 황매화가 등롱처럼 할머니의 외딴집에 꽃불을 밝혀도 그저 무덤덤했다.

할머니의 말 못하는 아들은 철철이 꽃을 얻어다 마당가에 심었다. 서너 평 되는 마당에 꽃들이 색을 바꾸어 가며 피어도 할머니는 그저 그놈이 그놈인가 싶었다. 할머니에게 꽃 이름은 이방인의 언어처럼 낯설었다. 아들이 아니었다면 꽃은 그저 그녀가 매는 산밭의 풀처럼 쓸모없는 것일 터였다. 쉰 넘도록 장가를 가지 못한 지적장애 아들이 꽃에 매달려 얼굴이 새카맣게 탈 때도 할머니는 풀을 매느라 온몸의 삭신이 쑤셨다. 빨강 튤립이 제아무리 고운들 목구멍에 거미줄을 면하게 해주는 산밭의 고추만큼 대견할 리 없었다.

늙은 어미가 애꿎은 한풀이 푸념을 해댈 때면 아들은 마당가 꽃밭으로 나갔다. 그에게 꽃은 마음을 쏟아도 거부당하지 않는 유일한 대상이었다. 어루만지고 쓰다듬어 준 만큼 고운 빛으로 화답했다. 할머니는 허구한 날 꽃에 매달리는 아들이 안쓰러웠다. 흙속에 나뒹구는 버러지도 짝이 있는데 한참 피 끓는 남정네임에랴. 천지사방 꽃이 핀들 새끼 가슴에 사랑꽃 피지 않으니 무슨 소용이냐 싶었다. 할머니의 생인손은 오늘도 홀로 꽃밭에 앉아 날이 저물었다.

버무리다

상추의 푸른 잎을 자근자근 씹어 삼킨다. 상큼 쌉싸래한 맛이 혀끝에 돈다. 피를 맑게 하고 단잠을 자게 하며 마음을 편안하게 해준다지. 어디서 온 것인가, 이 여리고 싱그러운 생명은.

햇살 한줌, 물 한 모금에 형체도 없이 무색 · 무미 · 무취한 이 산화탄소를 버무려 초록이 되었다던가. 그것이 또 꽃이 되고 열매가 되는 경이를 어찌 다 해독할 수 있으리. 다만 서로 어울려 생명이 되고 덕이 되는 광합성의 이치가 하염없이 고마울 따름이다. 내가 매일 삼키는 한 입 밥도 결국 초록의 경이로운 비밀인 셈이다. 그것들이 내 안에 들어와 피가 되고 살이 되는 신비가 버무림에 있다는 것을 깨달으니 오묘하다.

인생살이 또한 그렇게 주고받고 버무려 만들어지는 관계 아니던가. 관계로 들어가는 첫 관문은 말일 테다. 말처럼 제대로 맛을 내기 어려운 게 있을까 싶다. 입맛도 제각각인 데다 미세한 차이에도 크게 말맛이 좌우된다. 말과 천생 궁합을 이루는 짝은 잘 듣기와 존중심일 터다. 문제는 유사제품이 많아 진짜배기 잘 듣기와 존중심을 구별하기 어렵다는 것. 그게 빠진 관계는 결코 제 맛을 낼 수 없다. 거기다 이해라는 밑간을 적절히 하지 않으면 숙성된 관계의 맛을 기대하기 어렵다.

핵심은 조화로운 버무림일 테다. 조화롭되 제 맛, 제 향기를 잃지 않아야 하는 게 관건이다. 세상의 모든 책들이 그 주제를 가지고 지지고 볶는다. 책마다 나름의 비법이 빼곡하지만 온전한 정답은 찾기 어렵다. 인간은 비슷한 것 같아도 본질적으로 각기 다른 차이와 조건을 가지고 있다. 단순한 계량법으로 측정하여 관계하기엔 너무 다양한 맥락을 지닌 존재다.

완벽하진 않지만 비교적 관계의 광합성을 잘해 내는 사람이 있다. 그는 열린 요리 계량컵을 가지고 있다. 재료에 따라 융통성 있게 조율할 줄 안다. 완벽을 추구하기보다 주어진 결과를 긍정적으로 해석하면서 순도 높은 산소를 방출한다. 이산화탄소를 마시고 산소를 내뿜는 나무처럼 공감능력과 화해능력이 뛰어난 것이다. 그는 나무가 제 그늘로 사람들을 끌어들이듯 주변을 편안하고 유쾌하게 만든다.

나는 이따금 덜 버무려진 말 때문에 소화불량에 걸린다. 이해 대신 오해와 왜곡이라는 불량 재료를 첨가했기 때문이리라. 때론 이것이 모자라거나 저것이 과해서 상대를 체하게도 한다. 살면서 그 대가로 치른 비용도 적지 않다. 길가에 하찮은 들풀도 버무림의 묘를 알고 꽃 피고 열매 맺는데, 천만 권의 책을 소장할 수 있는 뇌를 지녔다는 인간인 나는 어찌 그 단순한 광합성의 버무림을 완성치 못할까.

최상의 황금비율로 버무려 내어 '그래 이 맛이야!' 마음속 오미五味를 환호작약하게 할 그날이 과연 올까.

먼길

나는 물과 불처럼 서로 다른 부모님 사이에서 맏이로 태어났다. 아버지를 닮아 지극히 내성적이었고, 어머니를 닮아 감성에 넘쳤다. 밴댕이처럼 좁은 속은 아니었으나 하해처럼 넓은 속도 아니었다. 부모님은 농사일로 바빴고 나는 외딴 밭 옥수수처럼 제풀에 자랐다.

내가 부쩍 외로움을 타기 시작한 건 엉덩이에 뿔이 돋을 무렵이었다. 이른 저녁을 먹고 건초 더미에 누워 있으면 왠지 동산 위에 반쪽자리 달처럼 허기가 졌다. 어둑해지도록 안방에는 불이 켜지지 않았다. 올해도 흉년이 들어 조합 빚을 다 갚지 못할 거라는 아버지의 한숨 섞인 말소리만 간간이 들려왔다.

친구들이 밤톨만 한 젖가슴을 내놓고 멱을 감을 때 나는 나무 그늘에 앉아 책을 읽었다. 그때 일찌감치 알아챘다. 인생은 불공평하다는 것과 내가 책 속의 주인공처럼 화려한 삶을 살 수 없으리라는 것을. 감수성 예민한 시기에 가난은 부끄러움이었다. 내가 책에 탐닉하게 된 것도 어쩌면 그것만이 자존감을 지킬 수 있는 유일한 방법이라고 믿었기 때문인지 모른다. 한참 발랄해야 할 나이에 공부와 책에 갇힌 외골수가 되었고, 놀 줄도 모르는 민숭민숭한 청소년 시절을 보냈다. 소심하고 신중한 탓에 삶의 거친 급류를 겪진 않았으나 확 트인 전망도 누리지 못한 채 중년을 맞았다.

이십 년 넘게 살던 도시를 떠나 시골 마을로 이사를 했다. 가까이서 보는 농촌 생활은 고달팠으나 사는 맛이 났다. 촌로들은 새벽이슬을 맞으며 논둑의 물꼬를 트고, 잡초를 제거하고, 약을 치고, 뙤약볕 아래 저물도록 밭을 맸다. 등은 굽고 허리는 휘었으나 표정엔 번뇌가 없었다. 유월이면 촌로의 광엔 황토밭에서 캔 붉은 감자가 쌓이고, 시렁엔 애기 주먹만 한 마늘이 내걸렸다. 주말에는 아들 내외가 내려와 일손을 거들고, 마당에 내걸린 가마솥에선 구수한 삼계탕이 끓었다. 칠순이 훌쩍 넘은 촌로 부부는 종일 말 한 자락 나누지 않으면서도 그림자처럼 붙어다녔다.

들녘엔 철마다 야생화가 흐드러졌다. 버찌며 오디, 산딸기도 지천에 열렸다. 야생의 맛은 시거나 떫거나 달착지근하거나 분명한 제 맛을 지니고 있었다. 한 철 피었다 질망정 피고 짐에 순서가 있었고 제 영역의 한계가 분명했다. 예초기 톱날에 뎅겅 목이 잘리고 농약이 골수에 스며 누렇게 말라죽어도 이듬해면 영락없이 파릇파릇 잎을 밀어올리는 야생초들. 장마통 비바람에 반쯤 꺾여서도 환하게 웃었다. 그 강인한 생명력으로 개별성은 보존되고 들녘은 해마다 강성한 것일 터였다. 저들이 타고난 본성을 부정하고 시절을 탓하며 처지를 비관했다면 세상의 초록은 모두 사라지고 말았으리라. 야생초처럼 비교하지 않고 있는 그대로의 자기를 밀고 나가는 것, 그것이야말로 존재를 세우는 근본적 힘임을 왜 몰랐을까.

삽자루를 둘러멘 촌로를 따라 돌아오는 저녁, 어둑해져서야 집으로 돌아오던 아버지를 떠올렸다. 부모님은 농투성이였지만 그 토대 위에서 굳건히 삶을 일으켰고, 큰부자는 아니었지만 나름 떳떳한 삶을 살았다. 몸으로 체득한 진리는 정직하고 단순했다. 책의 이론처럼 추상적이거나 관념적인 것이 아니었다. 땅이 심은 대로 보상하듯 땀 흘린 만큼 풍요로운 건 삶의 진리였다.

행복은 지극히 일상적이고 소박한 것들임을 깨달은 것도 그 무렵이었다. 큰 욕망에 가려져 보이지 않던 소소한 행복들이 눈에 띄었다. 만족한 삶이 행복한 순간들의 합이라면, 얼마나 크게 행복하냐가 아니라 얼마나 자주 행복하냐가 더 중요하단 말은 옳을 터였다. 큰 욕망을 내려놓자 작은 행복들이 일상 속에 꽃처럼 피어났다. 삶은 여전히 궂은날 갠 날을 시계추처럼 오갔지만 그 사이의 긴장을 견디게 하는 것은 바로 작은 행복들이 주는 내성이었다.

경쟁과 속도를 벗어난 자연의 느린 호흡 속에서 평범한 일상의 행복이 얼마나 소중한 것인가를 깨닫는다. 무성한 욕망과 미혹, 화려한 이정표와 갈림길 앞에서 나는 얼마나 오래 헤매었던가. 이제야 정작 나를 가난하게 한 것이 내 안의 열등감, 패배의식임을 알겠다. 끊임없이 비교하면서 내 것이 아닌 것을 구하려는 욕심, 기쁨만 있기를 바라는 마음이 결핍과 좌절의 원인이었던 것이다.

살면서 어찌 한 점 그늘이 없으랴. 그만하면 나도 무난하게 살아 왔거늘. 진정한 행복이란 촌로처럼 야생초처럼 상처와 결핍마저 끌어안고 묵묵히 제 노래를 부르는 것이리. 만물에 자기 자리가 있듯이 저다운 삶의 방법을 찾는 건 결국 각자의 몫일 테다. '그래, 이만하면 괜찮다.' 가파르게 오르내리던 욕망을 다독인다. 열세 살 소녀의 왜곡된 자존감이 제자리를 찾기까지 너무 먼길을 돌아온 셈이었다.

내 사랑 묘순 씨

사진 속의 묘순 씨가 빙그레 웃고 있다. "눈물은 내려오고 밥숟가락은 올라가는 거란다." 생전에 하시던 말씀이 생각나 왈칵 눈물을 쏟는다. 눈물을 훔치며 목구멍으로 꾹꾹 밀어 넣던 밥이 가슴에 얹힌다.

단잠이 들어 꿈속을 헤매던 중이었다. 누군가 슬그머니 팔을 잡아당겼다. 시커먼 물체가 웅크리고 앉아 날 내려다보고 있었다. 지척을 분간할 수 없는 어둠 속에서도 그 검은 물체의 정체를 한눈에 알아볼 수 있었다. 시치미를 떼고 누워 있는데 손바닥에 작고 차가운 물체가 쥐어졌다. 크기나 무게의 질감으로 보아 오 원짜리 동전이 틀림없었다. 나는 끄응, 못 이기는 척 몸을 일으켰다.

창수네 뒷산으로 가는 길은 춥고 음산했다. 바싹 마른 떡갈나무 잎들에선 연신 버석거리는 소리가 들려왔고, 열나흘 달빛 아래 그것들의 일렁이는 그림자는 옛이야기 속의 귀신들을 떠올리기에 충분했다. 눈알을 빼간다는 산부엉이 울음소리를 들으며 성황당을 지날 땐, 술 취한 아랫말 용수 아버지가 귀신에 홀려 밤새 돌아다니다 새벽녘에야 집에 돌아왔다는 이야기가 생각나 오금이 저렸다.

갓 서른의 묘순 씨는 날렵하게 나뭇가지를 향해 낫을 내리쳤고 난 두리번거리며 망을 봤다. 텅텅, 물기 마른 나무를 찍어내는 낫질 소리가 고요하던 골짜기를 뒤흔들 때면 어디선가 횃불을 들고 산주인이 나타날 것만 같았다. 이튿날 새벽 묘순 씨는 밤새 쳐온 나뭇단을 끌러 쇠죽을 끓였고 늦잠이 든 나는 한나절이 되어서야 일어났다. 아버지가 서울에 있는 회사에 취직을 하고 당신 혼자 보낸 그 해 겨울, 묘순 씨는 여러 번 야음을 틈타 창수네 뒷산에 갔다. 비록 어리긴 했으나 맏이인 나는 젊은 어머니의 든든한 파수꾼이었다. 그때 받은 오 원으로 사먹은 눈깔사탕 맛은 얼마나 달콤했던지.

열 살 되던 해 약산에 진달래가 흐드러지게 피던 어느 날이었다. 새벽부터 집안 낌새가 심상치 않았다. 날이 밝기도 전에 어디론가 나갔던 묘순 씨는 용도를 알 수 없는 나무 상자를 지게에 지고 들어왔다. 자그마한 몸집이 가려 보이지 않을 만큼 기다란 상자였다.

그리고 며칠 후 우리 집은 영판 다른 집이 되어 있었다. 싸리나무 대문이 번듯한 나무대문으로 바뀌었다. 문짝마다 위아래 줄을 맞춰 꽃문양을 박았고 경첩도 반지르르 윤기가 돌았다. 후일 나는 그 나무상자가 죽은 사람을 넣었던 관이란 걸 알았다. 짧은 살림에 큰돈 안 들이려면 별스럽게 억척을 떨 수밖에 없었던 당신, 그 덕에 뒤울안의 펌프며 장독대, 대청의 시렁, 안방 미닫이문까지 집안의 구조는 나날이 새로워져 갔다.

고희를 바라보는 나이에도 묘순 씨의 억척은 달라지지 않았다. 무엇 하나 부족할 것 없는 살림이건만 연신 주워 들이는 재활용 물건 때문에 집안은 고물상을 방불케 했다. 그릇, 시계, 거울, 조화, 커튼 등 목록도 다양했다. 괘종시계에서 알람시계까지 여남은 개나 되는 시계 덕분에 실내는 초침 소리의 합주 공연장이 되었다. 그뿐 아니었다. 묘순 씨가 커튼으로 만든 알록달록한 홑바지는 가족의 단체 잠옷이 되었고, 그 풍경을 바라보는 당신의 눈빛은 세상에 더없이 흐뭇했었다.

그런 묘순 씨에게도 한 가지 뿌리치지 못하는 욕심은 있었다. 화려한 원색 옷에 평생을 고수하던 사자머리였다. 광목에 검은 물을 들여 치마를 만들어 입던 그 시절부터 당신의 입성은 외할머니의 걱정거리였다. 검은 물 대신 붉은 물을 들였고 치렁한 치마의 길이는 싹둑 잘라 종아리가 드러나게 만들어 입었다. 꽤나 완고하던 외할머니도 당신의 고집을 당해내진 못했다. 멋에 대한 당신의 감각 덕에 난 일찌감치 무릎 위를 껑충 올라오는 꽃무늬 원피스를 입고 자랐다.

이별하기 사흘 전, 저녁을 짓다가 이남이의 〈어머니의 자장가〉란 노래를 듣고 마음이 울컥해서 전화를 드렸다. 다짜고짜 "오래 사셔야 된다."고 울먹이는 딸의 말은 생뚱맞았을 터였다. 비록 노구였으나 큰집 살림을 너끈히 감당할 만큼 건강하셨기 때문이었다. 마음 여린 딸의 효심이려니 싶어 당신은 "한 백 살쯤 살면 되냐?"며 명랑하게 받아치셨다. 그게 마지막 대화였다.

묘순 씨가 평생을 받쳐온 뼈대는 자식들에게만큼은 가난을 대물림하지 않겠다는 일념이었다. 세상에 일가를 이루진 못했으나 자식들도 그 뜻을 받들어 근면 성실하게 삶을 일궜다. 죽은 심재가 나무의 중심을 지키듯 당신이 남긴 사랑은 자식들에게 삶의 근간을 지탱하는 힘이 된 것이리라.

평소엔 휴지 한 장을 아끼면서도 불쌍한 사람을 보면 절대 그냥 지나친 적이 없던 당신, 폐 끼치는 일을 죽기보다 싫어해 자식에게조차 단 한 번도 밥을 얻어 잡숫지 않던 당신, 의식을 잃게 되면 맏이인 네가 결단을 내려야 한다는 당조짐을 하고, 죽으면 그 어떤 흔적도 남기기를 원치 않는다며 화장해 줄 것을 다짐받던 당신. 그 깔끔한 성격대로 가시는 것도 느닷없이 쓰러져 단번에 가셨다. 야속하게 마지막 인사를 나눌 기회조차 허락지 않으셨다.

이젠 머언 불가역의 시간 속으로 건너가 버린 당신. 행여 뵐까 헤매는 꿈길에도 묘순 씨는 잠잠 기별이 없다.

이소移巢

낯선 거리에 홀로 서서 반쯤 남은 꽃잎들이 속절없이 지는 걸 보는 일은 쓸쓸하다. 길 건너 우뚝한 집들은 표정 없이 완강하고, 꼬리를 감추며 사라지는 차량들은 제각기 외로워 보인다. 더듬어 마음 줄 곳을 찾는 내 모습이 한 점 구름처럼 정처 없다. 두고 온 것들은 벌써 그립고 호명을 기다리는 옛 추억처럼 아득하다.

이사 온 지 석 달이 넘도록 나는 앞집 여자를 한 번도 보지 못했다. 아니, 딱 한 번 본 적이 있긴 했다. 아파트 구조 변경 공사 때문에 양해를 구하기 위해 벨을 눌렀을 때였다. 나는 앞집에 이사 올 사람임을 밝히고 최대한 정중하게 양해를 구했다. 그녀는 문을 다 열지도 않은 채 노골적으로 짜증스러운 표정을 지었다. 마지못해 허락은 했지만 끝내 눈도 마주치지 않았다.

아파트 게시판과 엘리베이터에는 한 달 내내 층간소음에 대한 경고문이 나붙었다. 층간소음으로 인한 폭행과 살인사건이 연일 보도되던 무렵이었다. 이런 판국에 빈손으로 찾아온 낯선 이웃을 환대할 거라고 기대한 내가 잘못이었다. 그날 이후 앞집 여자를 만나게 될까 두려웠다. 하얀 도시 깍쟁이처럼 생긴 젊은 여자의 사무적이고 냉랭한 응대가 목에 가시처럼 남아 있었다.

서로 모르고 사는 게 속 편하긴 할 터였다. 그만큼 상대로부터 자유로울 것이기 때문이었다. 시시콜콜 정으로 얽혀 살 만큼 한가로운 세상도 아니지 않은가. 어떤 사람들은 이 좋은 세상을 두고 죽는 게 원통하다고 했다. 살기 좋은 세상인 것 같긴 한데 그 살기 좋은 것을 누리기 위해 사람들은 바빠도 너무 바빴다. 이웃은커녕 자기 자식을 제대로 돌볼 여유조차 없는 팍팍한 삶, 혈육의 죽음을 타인의 신고를 통해 알게 되는 삶이 과연 좋기만 할까.

벚꽃이 지고 영산홍이 피기 시작했다. 꽃이 진 자리에선 하늘하늘 연둣빛 새순이 올라왔다. 베란다에서 화단의 푸른 나무들을 바라보는 일은 지극한 위안이 되었다. 나무들은 계통 없이 무질서했으나 온갖 새들을 불러들일 만큼 무성했다. 정기적으로 지독한 농약세례를 받으면서도 꿋꿋했다. 나는 조금씩 낯선 환경에 익숙해졌다. 가끔 떠나온 곳이 그립고 외로웠으나 못 견딜 만큼은 아니었다.

베란다에 화초를 들였다. 다육 식물 몇 개와 관상용 식물 몇 그루였다. 그중에 하나는 뿌리를 잘라 옮겨 심은 것도 있었다. 좀체 제 색을 회복하지 못하고 기신기신했다. 낯선 토양에 뿌리를 내리느라 몸살을 앓고 있었다. 내 처지가 그 처지인가 싶어 애잔했으나 딱히 해 줄 수 있는 일이 없었다. 살아남기 위해 감당해야 하는 저마다의 삶의 무게가 안타까울 뿐이었다. 떠나와서야 나는 내가 살았던 토양이 얼마나 건강하고 풍요로운 것이었는지를 실감했다. 내 안의 가라앉지 않은 몸살이 욱신욱신 그리움이라는 통증을 전해 올 때면 녀석 앞에 앉아 마음을 다독였다.

대단지 아파트이다 보니 이사를 오가는 사람도 많았다. 한 달에 두어 번씩 사다리차가 짐을 싣고 내렸다. 만나고 떠나는 일이 저처럼 예사일 터였다. 평생 얼굴을 마주 보고 살아야 했던 시절과 달리 사람들이 정 주지 않고 데면데면 살아가는 것도 이해는 되었다. 한 지인은 십 년을 마주보고 산 이웃이 온다 간다 말도 없이 떠난 것을 한 달 후에야 알았다고 했다. 이것저것 살갑게 챙겨주던 터였는지라 적잖이 허망하더라고 했다. 지금은 이사 온 그 사람과 목례를 나누는 정도로만 살고 있다는 말도 덧붙였다. 칸칸이 도시의 익명성에 묻혀 살다 언제든 떠나야 하는 유목의 시대, 이웃사촌이란 정겨운 말은 이제 추억의 단어가 될지도 모르겠다.

버찌가 익어 떨어지고 앵두가 붉게 익었다. 마른장마 끝에 비가 내리고 까칠하던 나무들에도 생기가 돌았다. 태풍이 두어 번 더 오르내리고 막바지로 치닫는 땡볕은 모지락스러웠다. 여느 때처럼 아파트엔 토요일마다 장이 섰고 어느 집에선 또 사다리차가 짐을 끌어내리고 있었다. 흐르고 흘러가는 것들 속에서 삶도 그렇게 녹아 흘러갔다.

그동안 베란다의 화초는 원기를 회복했고 나도 녀석을 찾는 횟수가 차츰 줄어들었다. 앞집 여자에겐 박카스라도 사 들고 갈 요량을 내지 못한 데 대한 뒤늦은 반성을 한 끝이라 마주치게 된다면 먼저 목례를 건네 볼 여유가 생겼다. 환상을 걷어내고 보는 현실은 삭막하지만 그 현실을 보듬고 어루만지며 사는 건 결국 내 몫일 터였다. 서로 다른 물길이 섞이는 일이 어찌 순탄하겠는가. 엎치락뒤치락 에돌다 마침내 완만하게 합수되는 그날까지 느긋하게 흐를 일이었다.

하나 둘 불이 켜지는 저녁, 익명의 도시에도 별은 뜨고 창문마다 제 고독과 땀으로 밝힌 불빛이 환하다.

봉다리

냉동실 문을 연다. 봉다리에 싸인 물건들이 튕기듯 앞으로 쏟아진다. 희읍스름한 것은 멸치, 불그스레한 것은 쇠고기와 아몬드, 누르뎅뎅한 것은 청국장과 사골뼈, 푸르죽죽한 것은 먹다 남은 개떡에 묵은 완두콩이다. 문제는 얼룩무늬처럼 군데군데 섞여 있는 검은 봉다리다. 쿡 찔러보고 냄새를 맡아봐도 정체를 알 수 없다. 가위로 싹둑 잘라 봉다리를 열고 내용물을 확인한다. 마른 새우, 황태포, 은행, 대추, 옥수수알갱이 등등 언제 적 것인지 알 수 없는 식품들이 올망졸망이다.

두 번 세 번 얽고 잡아당겨서 꽁꽁 동여 맨 봉다리는 쉽게 속을 내주지 않는다. 그런 줄 알면서도 생전 쓰지 않을 물건처럼 또 옭아맨다. 필요해서 봉다리를 끄를 때는 번번이 가위질이다. 굳이 손톱 밑을 아프게 애쓰고 싶지 않은 것이다. 까짓것, 버리고 새것으로 쓰면 된다는 심산이다. 싸고 흔해빠진 게 비닐 봉다리 아닌가. 별 의식 없이 그렇게 수십 년을 살았다. 잘 썩지 않는 폐기물로 이 땅을 오염시키는 일에 나도 톡톡히 한몫을 한 셈이다.

냉동실의 봉다리들을 보면서 그렇게 내 안에 축적된 관계들을 돌아본다. 어떤 관계는 자주 꺼내 써서 길이 나고, 어떤 건 오래도록 구석에 처박혀 잊힌 물건과 흡사하다. 매듭이 술술 풀리는 봉다리, 무진 애를 써야 겨우 풀리는 봉다리, 아예 앵돌아져 풀리지 않는 봉다리처럼 관계도 각양각색이다.

어머니는 종종 맺고 끊는 게 분명해야 한다고 말씀하셨다. 우유부단했던 아버지를 두고 푸념처럼 되뇐 말이었다. 그 매듭이 관계의 한 은유임을 깨달은 것은 꽤 나이가 들어서였다. 어머니는 내게도 이따금 아버지를 닮아 우유부단하다고 퉁을 주었다. 아버지는 성품이 온화하고 착한 분이셨다. 맺고 끊는 걸 잘 못하는 건 마음이 여리고 순한 탓이니 큰 흠이 아니라 여겼다. 나 역시 마음이 모질지 못해서 적어도 내가 먼저 야멸치게 사람을 내치는 일은 없을 것이라 생각했다. 그게 착각이라는 걸 깨달은 건 엉뚱하게도 봉다리 때문이었다.

여느 날처럼 국을 끓이기 위해 냉동실에 저장된 멸치 봉다리를 꺼냈다. 얼른 봐도 꽁꽁 묶인 매듭이 좀체 입을 열 것 같지 않았다. 습관대로 가위를 쓰려다 손으로 한 번 끌러보자 싶었다. 생각보다 매듭이 싱겁게 풀렸다. 그제야 내가 너무 쉽게 가위를 사용해 왔다는 생각이 들었다. 조금만 노력하면 얼마든지 풀릴 수 있는 매듭이었던 것이다.

나는 애매모호한 관계를 견디지 못했다. 싫든지 좋든지 둘 중에 하나였다. 필요에 따라 여러 개의 얼굴을 가지고 적당히 지내는 관계에 서툴렀다. 내 틀에 맞춰 명료하지 않으면 멀찌감치 물러섰다. 생각은 가위로 잘라내듯 관계를 정리하지만 미처 따라가지 못한 마음 때문에 몸살을 앓기도 했다. 인간사가 흑백처럼 단순하게 구별할 수 있는 것이던가. 돌이켜보면 나의 소심증에 완벽주의, 방어기제가 불러 온 미성숙한 처신이었다.

인생이 관계의 지도라면 매듭은 관계들이 그려온 역사일 테다. 생긴 모양만큼이나 다양한 맥락을 지닌 존재들과의 인연. 관계의 양태에 따라 만들어 온 매듭의 모양, 밀도도 제각각이다. 굴곡 없는 관계가 어디 있으랴. 함께 걸어온 시간만큼 풀어가는 노력이 필요하건만 그 잠시를 기다리지 못해 떠나보낸 사람들도 있었다. 쉽게 속을 내주지 않는다고 봉다리 매듭 자르듯 잘라낸다면 살아남을 관계가 있겠는가. 아니, 마음이 자른다고 그렇게 싹둑 잘라지는 것이던가.

맺어야 할 때와 풀어야 할 때를 분별할 수 있다면 헛되이 관계의 매듭에 집착하여 애끓이는 일을 줄일 수 있으련만. 하긴 그게 쉬운 일이었다면 사람들이 그토록 무수한 인연의 굴레에 얽히고설키어 번뇌하는 일은 생기지 않았으리라. 사실 모든 역사와 문학, 철학 예술은 그 인연의 매듭을 맺고 풀고 조율해가는 풍경을 함축적으로 담아놓은 것들 아니던가.

습관처럼 풀기 어려운 봉다리의 매듭을 냉큼 잘라내려다 깨닫는다. 그동안 단칼에 잘려나간 것들은 단순히 관계가 아니라 내 삶의 내력, 내 소중한 추억의 한 토막이었음을.

콩, 세상에 나가다

석포리 느티나무 집에 콩마당질이 시작되었다. 어떤 콩은 팔자를 고칠 절호의 기회라며 별렀다. 하기야 봄가으내 여문 생을 한입에 털어넣는 일은 콩으로서도 허망한 일일 터였다. 안팎으로 단단히 속이 찬 몇 놈들은 한바탕 도약을 꿈꾸고 있는 게 분명했다. 그러나 생각이 다 같은 건 아닌 모양이었다. 콩으로 나서 콩의 길을 가는 것이 순리라고 자신을 다독이는 녀석도 있었다. 둘 사이에서 갈피를 잡지 못하고 우왕좌왕 어깨만 들썩이는 녀석도 있었다. 팽팽한 긴장감으로 꼬투리가 터질 듯했다.

꽤나 비장한 얼굴로 도리깨가 내려치는 순간을 기다리는 콩이 있었다. 절묘하게 타이밍이 맞아 떨어준다면 아주 멀리 날아볼 셈이었다. 타다닥! 드디어 도리깨의 끝이 콩의 등 한가운

데를 정확히 내려쳤다. 그 자리에 자지러져 숨 놓고 싶을 만큼 고통스러웠지만 이대로 주저앉을 수는 없다는 표정이었다. 굳은 땅을 밀어올리던 떡잎 적의 기운까지 보태어 힘껏 튀어 올랐다. 부디 멀리멀리 나를 데려가 다오! 마침 불어오는 바람을 타고 콩은 멀리 날아갔다.

보장된 것은 아무것도 없었다. 오직 자유에 대한 열망과 자기 삶을 찾겠다는 의지만으로 무작정 나선 길이었다. 늘 꼬투리 속의 좁은 세상에서만 살던 콩은 하늘을 날면서 말할 수 없는 희열을 느꼈다. 갑자기 세상이 달라 보였다. 어쩌면 자기는 보통 콩이 아닐지도 모른다는 생각마저 들면서 가슴이 벅차올랐다. 그도 잠시 콩은 원을 그리며 날던 자기 몸이 수직으로 하강하는 것을 느꼈다. 순간 예측할 수 없는 운명에 대한 불안으로 그의 가슴이 크게 요동쳤다. 콩은 질끈 눈을 감고 이를 악물었다. '죽으면 죽으리라.'

이상했다. 아무리 기다려도 몸에 충돌이 느껴지지 않았다. 아니, 어떤 물체 속에 자기 몸이 푸근히 감싸이는 느낌이었다. 눈을 뜨고 주변을 돌아본 콩은 어리둥절했다. 콩이 떨어진 곳은 어느 번듯한 집 마당의 양지바른 화단이었다. 늦가을 햇살에 장미가 오월 한낮처럼 탐스럽게 피어 있었다. 그뿐 아니었다. 막 피기 시작한 소국이 축복이라도 하듯 향기를 내뿜었다. 화단 끝 쪽엔 홍시를 매단 감나무가 의젓하게 서 있었다. 하늘은 푸르고 구름은 심심하지 않을 정도로 그림을 바꾸어 그렸다. 콩은 곱게 물든 낙엽에 몸을 뉘고 꿈꾸듯 중얼거렸다.

"탈출은 내 인생에 가장 멋진 결정이야!"

낯선 곳에서의 첫 밤은 생각처럼 외롭지 않았다. 눈부신 햇살이 화단 가득 퍼질 때까지 단잠을 잤다. 좁은 방안에서 오글거리며 다투던 형제들이 그리웠지만 못 견딜 정도는 아니었다. 갑자기 시장기가 돌면서 갈증이 몰려왔다. 이젠 뭐든 스스로 해결해야 한다는 사실을 생각하니 정신이 번쩍 들었다. 더 이상 꽃향기에 취해 노래만 부르고 있을 때가 아니었다. 콩은 마른 목을 축이기 위해 몸을 굴려 축축한 물기가 있는 곳으로 나아갔다.

이때 자기보다 몸집이 약간 큰 콩이 잔뜩 몸을 웅크린 채 경직된 얼굴로 자길 바라보는 것을 발견했다. 너무나 반가운 나머지 콩은 힘껏 굴러가다 상대와 부딪치고 말았다. 큰 콩은 흠칫 놀라 몸을 굴리더니 저만큼 거리를 두고 섰다. 여전히 경계를 풀지 않은 채였다. 작은 콩은 덩치에 비해 꽤나 소심해 보이는 큰 콩에게 미소를 지으며 말을 건넸다.

"너도 나처럼 자유를 찾아 떠나온 거니?"

"자유? 난 그런 것 생각해본 적 없어."

큰 콩의 대답은 무뚝뚝했다. 작은 콩은 그의 말투가 좀 못마땅했지만 낯가림이 심한 모양이라고 생각하면서 조심스레 다시 말을 건넸다.

"목이 마른데 어디 가면 단물을 마실 수 있을까?"

큰 콩은 코웃음치며 대답했다.

"그런 건 스스로 알아서 해결하는 거야. 여기선 아무도 그런 걸 가르쳐주지 않아. 그렇게 얼쩡거리다간 언제 죽을지도 몰라."

말을 마치자마자 큰 콩은 몸을 쭉 펴고 가던 길을 갔다. 작은 콩은 그의 뒷모습을 바라보다 깜짝 놀랐다. 그는 콩이 아니라 콩벌레란 이름을 가진 곤충이었던 것이다. 콩은 심한 갈증을 느꼈다. 그것은 단순한 목마름이 아닌 소통의 부재에 대한 안타까움이었다. 넘을 수 없는 벽 앞에 선 것처럼 콩은 아득하고 외로웠다. 혼자 선다는 것은 이런 막막함을 제 안으로 갈무리하고 추스르는 일임을 깨달았다.

타는 목을 달래며 사방을 두리번거리던 콩은 마당가에 놓인 작은 물그릇을 발견했다. 간신히 몸을 굴려 물그릇에 도착한 콩이 막 목을 축이려는 순간 수탉이 기세등등하게 날개를 퍼덕이며 날카롭게 외쳤다.

"어디 건방지게 남의 물그릇에 입을 대는 거야?"

깜짝 놀란 콩은 간신히 정신을 가다듬고 말했다.

"목이 말라요. 물 좀…."

"세상에 공짜는 없어. 이 물은 나의 헌신의 대가야. 나는 이 집 암탉들의 대장 노릇을 하고 있지. 그 덕분에 암탉들은 비싼

알을 낳아 주인에게 돈을 벌어주거든. 물을 마시고 싶다면 대가를 지불해야 해. 아니면 국물도 없어."

콩은 힘없이 방향을 돌렸다. 처음 꼬투리 안을 떠날 때의 그 호기는 사라지고 없었다. 함께 지내며 무엇이든 나눠먹던 그때가 무척 그리웠다. 눈물이 났다. 돌아가고 싶은 생각이 들었지만 너무 멀리 왔다는 생각이 들었다. 콩은 지치고 목마른 상태로 잠이 들었다.

콩은 누군가 자기의 얼굴을 간질이는 느낌에 잠이 깼다. 단풍이 들어 떨어진 감나무 이파리였다. 이파리는 자기 몸에 머금고 있던 물방울을 콩에게 흘려주었다.

"어쩌다 여기까지 왔니?

"자유를 찾아서…."

콩은 말을 잇지 못했다. 무력하게 무너지는 자신이 부끄러웠다. 이파리는 따뜻한 눈빛으로 콩을 바라보았다.

"도전 자체가 의미 있는 일이란다. 생각만 하고 평생 움직이지 않는 사람들이 대부분이거든. 스스로의 의지에 따라 도전하는 과정에서 부딪치고 좌절하고 극복하는 경험 전체가 인생이고 행복이란다. 물론 자유는 달콤하고 안락한 맛이 아냐. 아주 쓰고 외롭고 고통스러운 맛이지. 그럼에도 그 자유가 소중한 건 한 존재의 주체성과 행복이 거기에 달려 있기 때문이란다. 당연히 어려운 일이지. 그러나 그 한계가 어디까지인지 도

전도 안 해보고 포기하는 건 자기 삶에 대한 직무유기가 아닐까. 후회하기엔 아까운 시간이야. 자, 이제 다시 용기를 내어 너의 길을 가렴!"

말을 마친 이파리는 바람을 타고 홀연히 다른 곳으로 날아갔다.

콩은 자유를 향한 짧은 여정 속에서 삶의 많은 비밀을 알게 된 것 같았다. 삶이란 장애물 경기처럼 아슬아슬 위태로운 것이며, 자유를 누리기 위해서는 상응하는 대가를 지불해야 한다는 것을 깨달았다. 훌쩍 나이가 들어버린 느낌이었다. 그러나 이대로 주저앉을 수는 없었다. 꿈이 없는 삶은 죽은 것이나 마찬가지였다. '그래, 포기하지 않겠어!' 마침내 콩은 기운을 차리고 길을 떠났다. 산들바람이 그의 지친 등을 어루만져 주었다. 어느새 그의 몸 깊은 곳에서 발아發我를 위한 싹이 움트고 있었다.

향

달래장을 만든다. 먼저 달래를 먹기 좋은 길이로 썰어 희고 우묵한 사기그릇에 담는다. 고춧가루, 참깨, 들기름 약간을 넣고 간장을 잘박하게 붓는다. 살짝 구운 재래 김에 하얀 밥을 얹고 달래장을 끼얹어 먹으면 제법 입맛이 돈다. 집에서 짠 들기름은 고소한 향이 목을 넘기고 나서도 오래도록 입 안에 감돈다. 개운하게 달래 향만 맛보고 싶다면 들기름은 빼도 좋다.

요즘엔 겨울에도 푸른 나물이 지천인 세상이지만 정작 제맛을 맛보기는 어렵다. 어릴 때 먹던 생각이 나서 무쳐보는 나물 반찬도 맛이 예전 같지 않다. 특유의 향이 없어서다. 온실에서 웃자라 그런지 달래도 향이 덤덤하고 씨알도 자디잘다. 야생 달래는 코가 시원해질 만큼 향이 강하다. 시퍼런 줄기에 뿌리도 실하고 단단하다. 거름을 주어가며 공들여 키운 달래가 제 풀에 자란 것보다 맛이 덜하다니.

맛은 거름에서만 생기는 게 아닌 모양이다. 모진 풍상을 겪으면서 생기는 강한 내성이 식물 특유의 깊은 맛과 향을 만들어낸다. 인위는 자연을 앞서지 못 한다는 의미인가. 그러고 보니 냉이, 쑥, 씀바귀같이 겨울을 난 풋것들일수록 향이 강하다. 향은 결국 그 식물이 지닌 내공인 셈이다.

향은 결국 시련을 통해 속속들이 배이고 차오르는 것이리라. 사람의 향기 또한 안에서부터 밖으로 배어 나온다. 자신의 향기를 가짜로 꾸며낼 수 없는 이유가 거기 있을 테다.

나를 위해 부르는 노래

내가 지은 최초의 글짓기는 만화였다. 나이 어린 두 동생이 유일한 독자였다. 그림 솜씨는 형편없었으나 말을 엮어가는 재주는 웬만했던지 늘 다음 이야기를 재촉하곤 했다. 동생들의 알량한 응원 덕에 낙서 실력은 나날이 발전해 갔다. 아직 지나지 않은 달력의 뒷면은 물론 새로 산 공책이며 아버지의 고등학교 앨범에까지 낙서를 하며 놀았다. 완고한 아버지의 검열로 한바탕 혼쭐이 나고서야 철없는 나의 유희는 끝이 났다.

초등학교 때 중단된 그 유희가 본격적으로 다시 시작된 것은 어느 영세한 출판사에서 일을 하게 되면서부터였다. 주로 번역된 소설을 가필加筆하고 정서하는 일을 했다. 문장을 다듬고, 정확한 단어를 찾아 적재적소에 배치하고, 문장 구조를 우리 문법에 맞게 전개해 나가는 일은 까다로운 만큼 재미도 있었다. 마치 내가 그 작가가 된 것처럼 신명이 났다.

그리고 뒤늦게 지명을 코앞에 둔 어느 날 수필가란 이름을 얻었다. 다리에 급성관절염이 생기도록 컴퓨터 자판과 씨름했지만 성에 차는 글은 쓰지 못했다. 미사여구로 치장한 글은 그럴싸했으나 감동이 없었다. 설익은 사상에 주장은 강했고 시야는 자폐의 울타리를 벗어나지 못했다.

두 권의 책을 내고서야 글 쓴다는 것이 무엇인지 감이 왔지만 아는 것과 쓰는 것 사이의 괴리는 여전했다. 세상은 하루가 다르게 변하고 문학에도 변화의 바람은 불어서 구태에 젖은 나를 채찍질했으나 틀을 벗어나는 일은 쉽지 않았다. 갈피를 잡지 못하고 헛발질을 할 때마다 중심을 잡아준 것이 김태길 선생의 〈글을 쓴다는 것〉이라는 작품이었다. 선생의 글은 내게 왜 써야 하는지, 무엇을 어떻게 쓸 것인지와 같은 근본적인 물음에 대한 모범답안이었다.

선생의 글은 솔직담백하고 곡진했다. 무엇보다 글은 진실의 표명이며 자아를 안으로 깊고 크게 성장시키는 일이라는 말씀을 염두에 두었다. 그에 더해 인기를 노리고 붓대를 놀리지 말 것과 독자의 심리에 영합하지 말고 허세로 자신을 과시하지 말라는 말씀을 수시로 되새겼다. 변화에 적응하는 것은 생존에 필수적이겠지만 작가로서 끝내 지켜야 할 기본자세도 잊지 않아야 함을 일깨움 받았다.

한번은 마감 전에 서둘러 원고를 마무리하여 보내놓고 몹시 후회를 한 적이 있었다. 암탉의 배를 가르고 생기다 만 알을 꺼낸 격이었다. 체험과 사색의 기록이어야 할 수필에서 그보다 치명적인 결함은 없을 터였다. 그것이 비단 글에서만 아니라 인생사 모든 일에 적용된다는 것을 깨달은 것은 엉뚱하게도 덤으로 얻은 지스러기 고구마 덕이었다.

당진은 호박고구마 생산지였다. 사람들이 당도 높은 호박고구마를 선호하다 보니 가짜 호박고구마까지 생겨났다. 어느 날 수완 좋은 아주머니의 너스레에 넘어가 호박고구마를 한 상자 샀다. 덤으로 지스러기 고구마를 얻었는데 미처 자라지 않은 새끼고구마가 태반이었다. 그날 저녁 쪄먹은 지스러기 고구마의 맛은 짐짐했다. 종자가 아무리 좋아도 제대로 성장하고 숙성해야 제맛을 낸다는 걸 실감했다.

사람들의 입맛은 아주 민감해서 진짜와 가짜의 차이를 금세 구별해 냈다. 한 알의 고구마에도 숙성의 시간이 필요하다면 곱씹어 새길 수 있는 글임에랴. 더구나 이제 독자들은 철없는 동생들이 아니고 다양한 글맛을 섭렵한 어른들이었다. 어물쩍 눈가림으로 쓴 글은 물론 흑백의 단조로운 글이 입맛에 맞을 리 없었다. 삶의 이정표를 보더라도 이젠 인생의 반환지점을 지났고 “올라올 때 보지 못하던 그 꽃”을 볼 때라는 생각이 들었다. 그 꽃들을 보기 위해 좀 더 넓고 깊은 시야를 갖는 것, 물질적 세계의 강함을 이기는 문학의 말랑한 힘은 거기서 비롯되는 것이 아닐까.

"글이란 자기 인생의 이정표를 세우는 알뜰한 작업"이라는 김태길 선생의 말씀에 밑줄을 긋노라니 언젠가 읽은 한 경제학자의 말이 뇌리를 스쳤다. "회사를 위해서가 아니라 자신을 위해 빵을 만들라." 사람은 어차피 이기적이고 무엇보다 자신을 위해 일할 때 가장 즐겁고 생산적이 될 수 있다는 역설이었다. 그래, 내가 즐겁지 않은데 어떻게 독자를 웃게 할 수 있겠는가. 타인을 위해서가 아니라 나를 위해 부르는 노래, 어쩌면 그 속에 진정한 글쓰기의 자유로움과 즐거움의 비법이 있는 건 아닐까.

제5부

괜찮다

월경越境의 즐거움

– 일엽

내가 살아보지 않은 저 건너의 삶은 신비다. 그것도 이 바람 많은 세상에 오직 '자기'라는 돛 하나를 의지해 항해를 마친 한 여인의 삶을 추적하는 일은 더욱 그러하다. 자기의 온 생을 불사르고 한 점 티끌도 없이 공空의 세계로 돌아간 여인 일엽一葉. 염원대로 한 잎 낙엽처럼 가뿟한 생의 해탈을 이루었을까. 그녀의 자취를 찾아 예산 수덕사修德寺로 접어드는 길목은 오늘도 무심한 잎새들의 수런거림으로 가득하다.

그녀의 본명은 김원주. 평남 용강에서 목사의 딸로 태어난다. 어릴 때 어머니와 세 동생을 모두 잃었고, 중학 졸업 무렵에는 아버지마저 세상을 떠난다. 다행히 외할머니의 도움으로 이화학당을 무사히 졸업하고 일본유학까지 다녀온다. 그 후 한

국초기의 여성잡지 ≪신여자≫를 창간하고 자유주의적 남녀평등사상에 기초한 '신여성론'을 담론화 해서 숱한 논쟁을 일으킨다. ≪김일엽 선집≫에 수록된 시, 소설, 산문, 종교 에세이를 보면 그녀가 다루었던 핵심 주제는 여성으로서의 자각, 나에 대한 천착, 죽음, 종교임을 알 수 있다. 그녀는 여성들의 문단 접근이 어려웠던 시절, 활발한 문필활동을 통해서 여성들의 주체의식을 일깨우며 여성해방운동의 전사가 된다.

그녀는 1928년 스물일곱 되던 해 이성혜 비구니를 은사로 머리를 깎고, 만공선사에게 수계를 받는다. 이혼 팔 년 만의 일이다. 그 무렵 ≪불교≫ 필진으로 활동하면서 백성욱을 만나 세상을 떠들썩하게 한 사랑에 빠지지만 일 년 후 결별한다. 그리고 다시 재가승 하윤실을 만나 결혼 생활을 이어가다 1933년 수덕사로 입산한다.

시대를 앞선 용기와 열정으로 세간의 관심을 모았던 그녀가 홀연히 속세와의 인연을 끊자 사람들은 실연의 도피라며 입방아를 찧는다. 그러나 자전소설 ≪청춘을 불사르고≫라는 책 속에서 마침내 '인생의 구원을 얻었다.'고 하는 주인공 원주의 말은 그녀의 불교귀의가 삶의 가장 중요한 과제를 풀고자 하는 개인의 적극적 의지의 표현이었음을 알려준다. 어려서 가족을 모두 잃은 성장배경 역시 한 원인이 되었을 것이다. 그것은 그녀의 작품 전체에 일관되게 흐르는 자아, 주체의식, 죽음 같은 주제와도 일치한다. 그녀가 출가하여 생사고락을 초월해 얻은 환희가 어떤 것인지 나는 감히 상상할 수 없다. 거기 이르기까지 그녀가 견뎌냈을 인간적인 외로움과 고통이 더 애잔할 따름이다.

수덕사 환희대歡喜臺로 들어서는 길목은 어둑하고 서늘하다. 환희대는 일엽이 말년에 기거하다 입적한 곳이다. 숲은 하늘이 보이지 않을 정도로 우거지고, 다리 아래로 흐르는 물줄기의 습한 기운은 온몸을 휘감는다. 발심하여 머리를 깎고 건너던 일엽에겐 천 근 무게가 실린 다리였을 게다. 무심히 다리를 건너다 사랑하는 이와 이별 후 산에 들었을 한 여인의 애증에 가슴이 시리다. 환희대 마당에 쏟아지는 햇살이 광휘롭다. 다리와 마당의 경계는 지척이건만 빛과 어둠처럼 대조적이다. 저쪽은 사바세계요, 이쪽은 법열의 환희세계란 의미일까.

그녀가 ≪청춘을 불사르고≫란 책을 펴낸 것은 출가 후 삼십 년 가까운 세월이 지나서다. 그동안 일절 산문 밖 출입을 하지 않았는데도 책은 나오자마자 베스트셀러가 되었다고 한다. 육십이 다 되어서 쓴 자전적 소설엔 당시 백성욱과의 사랑과 이별 그리고 생사고락의 초월적 의지가 고백 형식으로 생생하게 담겨 있다.

그녀는 순간순간 충실하게 살았다. ≪신여자≫ 주간 시절에는 맹렬한 여성 전사였고, 사랑을 할 때는 가슴 뜨거운 연인이었으며, 출가해서는 용맹 전진하는 수행자였다. 그녀의 파격적인 행보에 대해 세간에선 말이 많았지만 그녀는 이미 조선일보에 〈나의 정조관〉이란 글을 발표할 만큼 욕망에 대해 솔직했고 당당하게 의지에 따라 행동했다. 몇 번이나 사랑을 했든지 간에 상대에 대한 진실한 사랑이 있는 한 그 정조는 새로운 것이라고 주장했다. 과거를 가진 여자는 무조건 부정하게 보고 천하게 대우했던 가부장적 사회 분위기 속에서 그녀의 신정조관은 큰 파문을 일으킬 만한 것이었으리라.

깨달음의 길은 가파른 것이던가. 여승들의 큰 선방, 견성암見性庵으로 오르는 길이 숨차다. 우리나라 최초의 비구니 전문선원 견성암은 일엽이 출가하여 수행한 곳으로 유명하다. 천지간에 바람소리 새소리뿐인 길목엔 소나무를 휘감아 오른 담쟁이가 청청하다. 버리고 비우는 일이 일상인 도량에서 악착같이 움켜쥐어야 살 수 있다는 모순의 극치를 본다. 견성은 커녕 버리는 것도 붙잡는 것도 어정뜬 나는 그저 소소한 인간사에 일희일비하는 중생일 뿐.

견성암을 내려와 왼쪽 샛길로 다시 오르면 수덕사 대웅전大雄殿의 단아한 옆모습을 볼 수 있다. 대웅전은 국보 제49호로서 유홍준 선생이 열 번을 보러 와도 그 수고가 아깝지 않다고 한 건축물이다. 미천한 눈으로 보기에도 빼어난 목조건물이다. 구조의 단순성이 보여주는 간결함의 아름다움은 물론 칠백 년이

나 버텨온 저력 앞에선 숙연한 마음조차 든다.

금강문을 지나 내리막길에 들면 고암 이응로 화백이 기거했던 수덕여관이 나온다. 한때 비운의 여인 나혜석과 일엽스님이 만났던 곳이기도 하다. 수덕여관의 옛 정취는 사라졌으나 고암의 유명한 암각화를 마당에서 볼 수 있는 건 큰 위로다. 고암을 기념하여 세워진 선禪 미술관에선 고암의 작품과 함께 다양한 기획 전시회가 열리고 있다.

철저하게 자기 자신으로 살기를 원했던 여권운동가요, 문인, 승려였던 일엽. 그녀가 머물렀던 공간을 둘러보며 나로 산다는 것의 의미를 반추하는 일은 특별했다. 내 안의 황무지를 탐사하는 아득하고 자유로운 횡단의 시간이기도 했다. 일엽선사처럼 '나'라는 분별조차 사라진 공의 세계로 건너가긴 어렵지만 '나'란 존재의 주체의식 하나 제대로 챙길 수 있다면 그로써 족하지 않은가. 그 익숙하고도 낯선 즐거움 때문에 나는 또 월경越境을 꿈꾼다.

* 월경(越境): 경계 넘기

영원한 청년

– 심훈

필경筆耕, '붓으로 밭을 일구다.' 얼마나 멋진 말인가. 그렇다고 아무나 간판으로 내걸 수 있는 이름은 아니지 싶다. 농사가 그렇듯 필경 역시 선불리 흉내 낼 수 있는 작업이 아닌 것이다. 자신이 사는 집을 필경사筆耕舍로 이름 짓고 〈상록수〉를 쓴 심훈은 글 짓는 일만큼이나 농사의 어려움도 헤아릴 줄 알았던 사람이었다.

그에게 주어진 이름은 다양했다. 시인, 소설가, 영화인. 그야말로 다재다능한 댄디보이였다. 게다가 그는 종로통의 세 미남자(현진건, 안석주, 심훈)로 회자될 만큼 훈남이었다고 한다. 대표소설로는 〈영원의 미소〉, 〈직녀성〉, 〈상록수〉가 있고 시, 〈그 날이 오면〉과 영화 〈먼동이 틀 때〉가 있다.

내가 필경사를 찾은 날은 겨울비가 내리고 있었다. 아산만을 낀 한진 포구가 눈앞에 펼쳐 보이는 갯가마을의 필경사는 우리 근대문학사에도 한 편의 작품을 위해 지어진 유일한 집이라고 한다. 마당엔 상록수를 상징하는 철제 조형물이 꺾을 수 없는 항일정신의 기개를 상징하듯 장대비 속에 우뚝 서 있었다. 한 일자 형의 초가집은 작고 조촐했으나 운치가 흘렀다. 격자형 창문 밖으로 내어 단 작은 목조 테라스가 세련미를 더해주고 있었다. 방 안의 가구며 책은 주인을 잃고 닳아지는데 호위하듯 뒤란을 에워싼 대나무 숲은 상록수 정신을 대변하듯 푸른 기상으로 무성했다.

기념관에 전시된 1935년 당시 〈상록수〉의 육필원고 사본을 보는 일은 감격스러웠다. 세월이 누렇게 번진 원고에는 〈상록수〉의 마지막 문장과 함께 교정을 마친 날짜가 기록되어 있었다. 일제 강점기라는 가혹한 시기를 온몸으로 부딪쳐 살던 사람. 원고지 칸을 메운 글자 하나하나가 그의 뜨거운 호소인 양 가슴을 설레게 했다.

그는 주인공 동혁의 입을 통해 "지식인들의 계몽운동이 시급하다. 방방곡곡에 파고들어가서 그네들과 함께 생활하면서 어떻게 하면 그네들이 그러할 수 없이 비참한 생활에서 벗어날 수 있을까 하는 문제를 머리 싸매고 고민해야 한다."라고 호소했다. 그의 농민문학이 단순한 감상주의나 추상적인 것에 머무르지 않고 강한 의지와 지속적 실천을 강조했다는 걸 알 수 있는 대목이다. 게다가 농촌이라는 현장에서 살며 집필했기 때문에 농민들의 현실과 정서가 실감나게 구체적으로 묘사되어 있다.

한 신문사의 농민보고회에서 채영신을 처음 만났을 때 동혁은 "오냐, 나는 비로소 한 사람의 동지를 얻었다. 내 사상의 친구를 찾았다!"며 감격해 마지않았다. 심훈의 소설들에는 하나의 이상을 세우고 그 이상을 남녀가 함께 실현해 나가고자 하는 작가의 예술적 지향점이 나타나 있다. 〈상록수〉의 주인공 박동혁과 채영신이 나누었던 동지적 사랑이 그가 꿈꾸었던 이상적 사랑은 아니었을까.

이상과는 다르게 심훈은 열일곱에 왕족이었던 한 여인과 결혼을 했다. 당시 그녀는 이름조차 지니고 있지 않았다. 그 결혼은 행복하지 않았다. 중국 유학 당시 아내에게 애틋함이 담긴 시를 적어 보내기도 했지만 안타깝게도 그녀는 남편의 문학적 세계를 이해하지 못했다. 예술혼이 넘치고 자유분방한 개화남이 이름도 없었던 구식 여성과 맞춰 산다는 게 쉽지 않았을 터였다. 고향 어른들에게 간청해서 부인을 진명여학교에 넣어도 봤지만 뜻대로 되지 않았다.

어렵사리 유지되던 결혼 생활은 칠 년 만에 파경을 맞았다. 불행인지 다행인지 둘 사이엔 자식마저 없었다. 첫 결혼에 실패하긴 했지만 그는 여성에 대해 존중심을 갖고 있는 남자였다. 당시 흔히 그랬듯 부당하게 권위를 행사하거나 무책임하게 가족을 방임하지 않았다. 여자에게 굳이 이름을 지어주지 않았던 관습에도 불구하고 첫 아내에게 이해영이란 이름을 지어주며 존중한 것도 그렇고, 자신의 어머니를 "이 땅의 이슬을 받고 자라나신 공로 많고 소중한 따님의 한 분"으로 대했던 걸 봐도 짐작할 수 있다. 소설 〈직녀성〉에는 조혼제도에 관한 신랄한 비판이 담겨 있는데 아마도 순탄치 않았던 그의 결혼 경험이 반영되었을 것이다.

그는 1930년에 무용가 최승희의 제자 안정옥과 두 번째 결혼을 했다. 재기발랄한 신여성이었고 세 자녀를 두었다. 결혼 후 당진으로 낙향한 심훈은 왕성하게 집필활동을 했다. 그러나 그는 장편소설 ≪상록수≫를 출판하기 위해 마지막 교정을 보러 서울로 떠났다가 장티푸스에 걸려 다시는 돌아오지 못할 길을 떠났다. 비보를 들은 아내는 오열했다.

"세상 사람이 죽고 또 죽고, 다 죽어도, 우리만 억 천만 년을 살아질 것 같더니만 어쩌면 그리도 쉽게 가십니까!"

일제강점기라는 불운의 시대를 만나 가슴에 푸른 불을 품었던 영원한 청년 심훈. 그는 1936년 9월 16일 서른여섯 아까운 나이에 그토록 바라 마지않던 조국의 독립 '그 날'을 보지 못한 채 요절하고 말았다.

돌아오는 길에 〈상록수〉 박동혁의 실제 모델인 심훈의 조카 심재영 씨 고택에 들렀다. 비 갠 고택 소나무 숲의 향기는 깊고 서늘했다. 세월의 더께가 내려앉은 툇마루에 앉아 실제 야학당이 있던 황토밭을 건너다 보았다. '상록학원 터'라는 이정표만 그곳이 한때 야학당 건물이 있던 곳임을 알려주었다. 그 건물은 심재영 씨가 야학을 운영하며 농촌계몽 활동을 했던 곳이고, 상록초등학교가 생기기 전까지 상록 분교로 사용되기도 했다.

당진이 4H운동 전국대회에서 세 번이나 일등을 차지하고, 새마을훈장을 받은 사람이 전국에서 제일 많다는 사실은 우연이 아닐 터였다. 우리나라 근대를 관통하는 정신이 새마을정신이라면 그 저변의 모체는 바로 상록수정신이라 해도 과언이 아닐 것이다. 그 정신을 바탕으로 한국은 눈부신 경제성장을 이루지 않았던가.

우리는 지금 그 정점에 서 있다. 심훈의 자취를 더듬으며 나는 박동혁과 채영신이 간절히 꿈꾸었던 '인간적인 삶'을 누리는 세상이 이루어졌는지 물었다. 한 사람의 글쟁이로서 또 얼마나 붓으로 밭을 일구듯 그렇게 성심으로 문학 본연의 길을 가고 있는지 반성했다. 자본이라는 더 가혹한 식민지 시대를 살고 있는 지금이야말로 심훈이 남긴 상록수 정신을 올바로 회복해야 할 때라는 생각도 들었다.

세상은 시절 따라 옷을 갈아입어도 상록수의 푸른빛만은 한결같다. 젊은 숨결 뜨거운 야학당의 맑은 종소리는 언제 다시 들어볼 수 있을지.

출구 없는 길

– 까미유 끌로델

폴 끌로델이 길 저쪽으로 사라졌다. 까미유 끌로델은 사라지는 동생의 뒷모습을 망연자실 한 채 바라보았다. 한바탕 된바람이 불고 희부연 먼지 속에 시야가 흐려졌다. 그녀는 혼자 남겨졌다. 아니, 다시 철저한 적막 속에 버려졌다. 영화가 끝나고, 화면 위엔 무덤조차 알 길 없는 그녀의 죽음에 관한 소식이 올라와 있었다.

까미유는 열아홉의 싱그러운 아가씨였다. 탁월한 예술적 재능에 빼어난 미모를 겸비했다. 로댕은 그녀의 천부적 재능을 단번에 알아보고 자신의 조수로 들어올 것을 제안했다. 두 사람은 곧 스승과 제자에서 연인 사이로 발전했다. 스물네 살의 나이 차에 오랫동안 로댕 곁을 지켜온 로즈 뵈레가 있었으나 상관하지 않았다.

로댕은 그녀와의 열정적인 사랑 속에서 〈입맞춤〉, 〈영원한 우상〉 같은 걸작들을 남겼다. 까미유 끌로델도 〈사쿤탈라〉를 출품해서 사람들의 주목을 받았으나 로댕은 제자의 작은 성공을 순수하게 기뻐하지 않았다. 그녀는 내내 거장의 반열에 올라 있던 스승의 그늘에 가려져야 했다. 게다가 로댕은 온갖 달콤한 말로 그녀를 잡아두었을 뿐 결혼하겠다는 약속을 지키지 않았다. 로즈 뵈레 역시 꿋꿋하게 곁을 지키고 있었다.

그녀의 작품 〈중년〉에는 냉정하게 떠나는 남자와 무릎을 꿇은 채로 비굴하게 애원하는 여인의 모습이 형상화되어 있다. 누가 보아도 두 사람의 관계를 형상화한 작품이라는 걸 알 수 있었다. 스캔들을 염려한 로댕은 까미유 끌로델의 일부 작품을 공공 전시에 출품하지 못하도록 외압을 가했다. 까미유 끌로델은 로즈 뵈레를 향한 질투심에다 로댕의 인색한 지원과 모호한 태도에 불편을 느끼면서 자책과 자조감에 빠져들었다. 설상가상으로 임신했던 아이마저 유산되자 두 사람의 관계는 파국에 이르고 말았다.

1898년 까미유 끌로델은 로댕에게서 독립, 따로 작가 활동을 했다. 그러나 전시회는 실패했고 작품은 몇 개 팔리지 않았으며 살림은 말할 수 없이 곤궁해졌다. 무엇보다 불륜과 낙태라는 꼬리표를 단 그녀에게 던지는 세상의 시선은 견디기 어려울 만큼 따가웠다. 가족들마저 엄격한 종교적 잣대를 들이대며 딸을 냉대했다. 그녀는 과민 증세를 보이기 시작했고 강박과 피해망상으로 악화되는 정신병으로 인해 서서히 무너져 내렸다. 모든 작품 활동을 중단하고 칩거에 들어간 그녀는 마침내 1913년 3월, 가족의 요청으로 빌-에브라르 요양소를 거쳐 몽드베르그 수용소에 감금되었다.

영화 속 몽드베르그 수용소 풍경은 황량했다. 회색의 시멘트 벽, 굳게 닫힌 철문, 습하고 차가운 바람에 검은 옷을 입고 웅크린 채 걷는 사람들, 감자 한 알에 계란 한 개가 전부인 식사, 침 흘리며 일그러진 얼굴로 괴성을 지르는 정신질환자들….

까미유 끌로델은 부르짖었다. '내가 왜 여기 있어야 하느냐고. 내게 자유를 달라.'고. 아무도 그녀의 말에 귀기울이지 않았다. 늘 감시를 받았고 가족들에게 보내는 편지조차 몰래 써야 했다. 그녀의 바람은 오직 고향에 돌아가 가족과 함께 지내는 것이었다.

그녀가 아끼고 사랑했던 동생 폴 끌로델마저 누나의 삶을 신의 저주를 받은 실패한 인생이라 단정 짓고 냉담하게 돌아섰다. 의사들은 그녀를 수용소에서 내보내도 좋을 정도로 회복되었다고 판단, 적극적으로 의견을 피력했지만 가족들로부터 돌아온 것은 접근금지 명령이었다. 그녀가 그토록 보고 싶어 했던 어머니조차 딸이 죽을 때까지 한번도 수용소를 찾지 않았다. 그럼에도 까미유 끌로델은 따뜻한 가족애를 버리지 않았다고 한다.

연인에게 배신당하고, 가족에게 유기당하고, 교회와 사회에게 부도덕한 여인으로 돌팔매질 당하고, 비평가들에게 들개처럼 물어뜯김을 당한 비운의 예술가. 누구도 그녀를 끔찍한 수용소에서 꺼내야겠다고 생각한 사람은 없었다. 어쩌면 진짜 광기를 지닌 사람들은 까미유 끌로델이 아니라 저들이 아닐까 싶었다. 마침내 까미유 끌로델은 1943년, 무려 삼십 년 동안 그토록 벗어나고 싶어 했던 어둡고 춥고 배고팠던 몽드베르그 수용소에서 혼자 쓸쓸히 눈을 감았다.

만약 까미유 끌로델이 여성이라는 이유로 국립예술학교에 입학하는 것을 거부당하지 않았더라면 그녀의 인생은 어떻게 달라졌을까? 적어도 로댕의 조수가 되어 정부로 손가락질받는 악연 같은 것은 생기지 않았을지 모른다. 〈중년〉이나 〈왈츠〉, 〈지강티〉, 〈사쿤탈라〉 같은 작품들에서 볼 수 있듯이 천재성을 유감없이 발휘하며 당당한 여류 조각가의 삶을 살지 않았을까. 여성이 조각가가 된다는 사실을 황당하게 받아들이던 남성 위주 시대에 까미유 끌로델이 걸었던 출구 없는 길은 어쩌면 예정된 결과가 아니었을지.

까미유 끌로델의 작품 〈애원〉을 오래오래 들여다본다. 무릎

꿇은 여인의 애절한 몸짓 속에서 통째로 거부당했던 한 예술가의 절규가 들리는 듯하다.

'거기 누구 없나요?'

힐링을 힐링하다

행복한 사람은 행복에 대해 말하지 않는다고 한다. 충분히 만족한데 굳이 행복을 들먹일 이유가 있겠는가. 요즘 우리 사회의 화두는 행복과 힐링이다. 서점가에도 비슷한 주제를 가진 책들이 넘쳐난다. 근래 구입한 책들 가운데 상당수가 그와 관련된 것들임을 확인하고 놀란 적이 있다. 너나 할 것 없이 힘겨운 시간을 보내고 있다는 방증일 테다.

청춘은 청춘대로 중년은 중년대로 노년은 노년대로 아프다고 한다. 삼포세대, 휜 세대, 버려진 세대. 세대별로 따라붙는 서글픈 꼬리표 속에서 우리가 사는 세상의 아픔이 총체적인 현상임을 본다. 사람들이 새로운 공식, 심포지엄, 자기 계발서, 갖가지 종교까지 두루 섭렵하고, 호르몬이니 감정이니 뇌 의학이니 하는 과학적인 행복관리, 행복테크놀로지까지 동원하는 것도 무리는 아니지 싶다. 그럼에도 우리나라의 자살률은 세계 1위다.

자본주의는 정확하게 우리의 그런 욕망을 조준하고 포획한다. 광고를 통해 욕망의 정점에 서 있는 사람들의 모습을 수시로 보여줌으로써다. 그들은 멋진 집에 최고급 승용차를 가지고 있다. 세련된 외모에 최신기기를 다룰 줄 알고 남부러울 정도의 사회적 신분을 가지고 있기도 하다. '행복이란 바로 저런 것이다.', 사람들은 무의식적으로 광고의 내용을 내면화한다.

세상은 무한경쟁, 무한 속도 속에서 소수의 승자인 갑과 다수의 패자인 을로 나뉜다. 갑은 자기 자리를 지키기 위해 혈안이 되고, 을은 또 갑에 편입되기 위해 투쟁하는 극단적인 대결구도가 된다. 그로 인해 파생된 갈등은 이미 수많은 희생자를 낳았고 공멸에 이를 때까지 멈추지 않을 기세다. 행복하기 위해 정작 행복을 파괴하는 모순 속에 빠져 있는 것이다.

자본주의는 소비를 먹고 산다. 끊임없이 생산하고 끊임없이 팔아야 살아남는 존재다. 사람 목숨을 포함하여 자본이 상품화할 수 없는 것은 세상에 없다. 물신의 목적은 오직 소비자들이 죽을 때까지 자신의 포로가 되도록 우리의 욕망을 충동질하는 것이다. 자본은 그렇게 사람들의 욕망과 결합하면서 무소불위의 물신이 되었다. 많은 사람들은 기꺼이 그 신에 헌신하며 살아간다. 물신이 제공하는 쾌락에 비할 만한 다른 대안을 찾지 못해서일 테다.

힐링의 등장은 어쩌면 당연한 귀결인지 모른다. 욕망과 현실의 괴리, 세이렌의 마법 같은 물신의 유혹 앞에서 사람들은 좌절하고 상처받는다. 약삭빠른 물신은 온갖 상품들에 힐링이란 날개를 달아준다. 힐링캠프, 힐링가구, 힐링음식, 힐링화장품, 힐링커피, 힐링음악 등등. 사람들은 그 날개 아래서 안정과 희망을 찾기도 하지만 근본적인 치유는 받지 못한다. 우리가 안고 있는 상처에는 턱없는 욕망만 아니라 사회구조적인 문제가 사슬고리처럼 연결되어 있기 때문이다. 또다시 상업적 미봉책에 미혹당하지 않으려면 힐링도 힐링해 볼 필요가 있다는 생각이다.

힐링의 원 의미는 찢어진 것을 온전한 하나로 회복하는 것이라고 한다. 말처럼 너덜너덜해진 상처들을 봉합해서 온전한 상태로 되돌릴 수 있다면야 오죽 좋겠는가. 안타깝게도 그렇게 완벽한 해결책은 세상에 없는 것 같다. 진정한 힐링의 시작은 자기 안의 널뛰는 욕망을 징계하는 일과 함께 힐링이 필요할 수밖에 없는 사회구조적 모순에 대한 비판적 시각을 키우는 일이 아닐까 싶다. 동시에 행복이나 힐링의 얼굴로 등장하는 물신의 선전들에 대한 변별력을 가지고 자신에게 맞는 치유의 방법을 찾아야 할 터이다. 그에 더해 정부 차원에서 각 층위에 맞는 구체적이고 실질적인 제도의 보완이 받침 되어야 한다고 본다.

한편 행복의 불행은 오롯이 행복의 모습으로만 오기를 기대하는데 있지 싶다. 행복에 대한 우리의 이러한 관점에는 문제가 없을까. 삶과 죽음이 한 쌍이듯 행복은 불행과 한 세트라고 한 어느 철학자의 말이 생각난다. 불행을 삶의 한 모습으로 긍정할 때 행복도 제 크기로 누릴 수 있다는 생각이다. 오로지 행복해야 한다는 절대 과제 때문에 더 상처받고 힐링에 목매게 되는 건 아닐지.

변방의 단순한 삶 속에서도 이따금 마천루를 향해 널뛰는 욕망을 잠재우는 일은 쉽지 않다. 종종 이 세상의 선전들에 눈멀고 귀먹고 싶어지는 것도 그 때문이다. 이젠 정말 흔들림을 멈추고 싶다. 쉼 없는 성찰을 통해 가능성과 욕망 사이에 균형을 잡고, 진정한 힐링이 주는 가치와 위로를 자신의 것으로 만들 수 있기를 희원한다. 그래서 지금 내 욕망이 가리키는 나침반의 지점은 어디인지 그 방향을 제대로 가늠할 수 있다면 그로써 힐링의 가치는 족하지 않을까 싶다.

개망초

눈길 닿는 곳마다 개망초가 지천이다. 원래는 귀화식물인데 언젠가부터 산야의 터줏대감 노릇을 하고 있다. 망초亡草도 모자라 개망초라, 낯선 땅에서 천덕꾸러기로 살아남는다고 몸살깨나 앓았을 테다.

미탐은 햇살이 한 뼘쯤 비치다 사라지는 침침한 원룸에 산다. 기온이 영하 20도 아래로 떨어지는 한겨울에도 일인용 전기장판 하나로 버틴다. 털외투를 입고도 등에 한기가 도는 냉방이다.

미탐의 남편은 주유원으로 일한 지 십 년째다. 사람들은 두 푼쯤 모자라는 그를 뼈 없이 좋은 사람이라 부른다. 그 때문에 남편이 품삯을 형편없이 받는다는 사실을 알지만 미탐은 하소

연할 데가 없다.

그뿐 아니다. 드살이 센 주인은 월급의 용도까지 간섭을 한다. 생활비는 필요할 때마다 타서 쓰는데 낱낱이 가계부를 써야 하고, 남편은 숙제 검사를 맡듯 주인에게 그 사실을 보고한다. 주인의 친절한 설명인즉 미탐은 한국 물정을 모르니 자기가 알아서 돈을 불려주겠다는 것이다. 더욱 황당한 것은 주인이 남편 앞으로 보험을 들어놓고 수혜자를 자기 이름으로 한 일이다. 미탐이 아무리 포달을 부려도 소용이 없다. 남편은 돈이 생기면 아내가 도망갈지도 모른다는 주인의 말을 더 굳게 믿는다.

미탐의 집안은 대대로 가난했다. 세끼 밥을 챙겨 먹을 수 있는 날이 많지 않았다. 까막눈은 겨우 면했으나 몸이 부실해서 집안에 보탬이 되지 못했다. 그 무렵 주변에선 귀를 솔깃하게 하는 소문들이 들려왔다. 이웃집 아무개는 한국으로 시집을 가 팔자를 고쳤다는 둥, 아무개네 집은 딸이 돈을 부쳐 살림이 폈다는 둥, 대개는 부풀려진 소문들이었다. 내 한 입 덜어 보탬이 된다면 기꺼이 떠나리라, 아니, 운이 좋아 팔자를 고치게 될지 누가 알랴. 그렇게 그녀는 베트남에서 물 설고 낯선 한국으로 시집을 왔다.

남편은 일찍 부모를 여의고 의지가지없는 고아나 다름없다. 결혼도 주유소 주인의 주선으로 하게 된 것이다. 주인을 세상에 다시없는 은인으로 생각하는 것도 그 때문이다. 남편은 자신의 월급이 다른 사람에 비해 턱없이 작다는 사실을 알지 못한다. 사망 후 보험 수혜자가 주인으로 되어 있다는 사실이 무엇을 의미하는지도 알지 못한다. 나중에 퇴직금 형식으로 목돈을 마련해주겠다는 말만 철석같이 믿고 월급의 대부분을 주인에게 맡기고 있다. 그것도 말로 주고받은 약속일뿐 확실한 근거가 있는 건 아니다.

미탐은 종일 어두운 방에서 이른 새벽 나갔다가 열 시가 넘어야 들어오는 남편을 기다린다. 텔레비전만이 그녀의 유일한 친구다. 언젠가부터 남편은 들어오자마자 곯아떨어져 잔다. 그 역시 말이 통하지 않는 게 갑갑하고 걸핏하면 돈 문제를 들먹이는 아내가 미덥지 않은 것이리라. 그렇게 소 닭 보듯 지내는 날이 많아지면서 그녀의 외로움은 뼛속까지 사무친다. 불행인지 다행인지 아이 소식은 없다. 시들부들하던 미탐은 마침내 우울증에 빠지고 말았다.

친구는 이주 여성들에게 한국어를 가르치고 있다. 의사소통이 될 만큼 베트남어도 할 줄 안다. 나는 친구와 함께 미탐의 집을 방문해서 사정 이야기를 들었다. 주인의 동기가 어떻든 남의 살림살이까지 개입하는 것은 부당한 일이다. 문제 해결을 위해 대화를 시도하자 주유소 주인은 '나는 남자의 부모나 다름없다, 주제넘게 남의 가정사에 개입하지 말라.'며 엄포를 놓는다. 관건은 남편이 결혼한 아내보다 주인의 말을 더 믿고 따른다는 데 있다. 남편이 미탐에 대한 믿음을 갖지 않는 한 해결책은 요원하다.

내가 살고 있는 농촌에는 외국인 여성들과 결혼한 사람들이 많다. 개중에는 원만하게 사는 집도 있지만 얼마 못 살고 헤어지는 경우도 적지 않다. 다문화 가정만큼 갑을 관계가 노골적인 데도 없을 것이다. 막연하게 한국이라는 나라에 환상을 품고 시집을 오는 나이 어린 이주여성들도 딱하지만 돈을 주고 사왔다는 인식을 버리지 못하는 일부 한국 남자들은 더 문제다. 게다가 언어로 인한 소통 부재와 문화의 차이는 너무나 큰 장벽이다. 갈등, 외로움, 파경은 충분히 예견된 일이다.

자녀들의 경우 문제의 심각성은 더 크다. 어릴 때 엄마로부터 제대로 말을 배우지 못한 아이들은 학습 능력이 부진하고, 중학교에 올라가서는 과정을 따라가지 못해 학업을 포기하는 경우도 있다. 장차 다문화 가정들이 잠재적으로 안고 있는 사회문제가 적지 않으리란 염려를 떨칠 수 없다.

다문화 가정은 이제 외면할 수 없는 우리의 현실이다. 그들이 튼실하게 뿌리내릴 수 있도록 언어교육은 물론 결혼한 남편과 아내로서의 역할이나 책임에 대한 교육이 병행되었으면 좋겠다 싶다. 다문화 가정을 이룬 성원들 중에는 미탐의 남편처럼 낮은 교육에 지적 장애자, 또는 사회 부적응 자들도 더러 있기 때문이다.

미탐은 다행히 같은 지역에 사는 이주여성들과 교제하면서 서서히 우울증에서 벗어나고 있다. 건강이 회복되는 대로 시간제 일자리를 알아볼 계획이라고 한다. 자신이 신뢰를 보이는 만큼 남편과의 관계도 개선되지 않겠느냐며 애써 노력하고 있단다. 넘어야 할 산이 첩첩이지만 그녀의 인생도 개망초처럼 질긴 생명력으로 다시 피어나길 바랄 뿐이다.

행복의 조건

心 봤다. 날것 그대로. 미물과 친구가 된 여교수의 모노드라마. 모처럼 진실이었다.

P 군, 지난밤 편안했는가. 난 그놈의 불면증이 도지는 바람에 제대로 못 잤어. 사는 게 갈수록 힘드네. 무엇보다 혼자인 게 싫어. 외로워 죽을 지경이야. 남들은 내가 이러고 사는 거 상상도 못할 걸. 잘나가는 화가, 돈 많은 과부, 아쉬울 게 뭐있냐 식이지. 하긴 내색을 안했으니 그럴 만도 해. 강단에만 서면 미친 사람처럼 떠들어댔으니. 가진 게 열정밖에 없다는 듯 말이야. 텅 빈 속을 감추기 위해 그런다는 걸 누가 알까? 잔뜩 치켜 그린 내 아이라인도 카리스마 교수라는 별명에 한몫했을 거고. 흐흐. 그나저나 난 쓴 커피 한 잔으로 아침을 때울 생각인데 자

넨 어쩔 텐가. 어디 봐둔 끼닛거리라도 있나. 가만, 내 어제 먹다 남은 라면 건더기가 좀 있을 거야. 기다려보게. 그래, 이 정도면 괜찮은가. 간단히 요기만 하게. 저녁에는 따끈한 밥을 지어 나눠줌세.

반갑군. 여전히 그 자리에 있어줘서. 날 기다렸다고 말해주겠나. 오늘도 무척 힘든 하루였어. 그래, 그래. 자네의 그 손짓, 흔쾌한 동의라고 받아들이겠네. 자네의 기척이 아니었으면 난 외로움에 질식하고 말았을 거야. 잠시 가까이 와 보게. 경계하지 말게. 아니, 오늘부터 자네를 내 친구로 부르겠어. 굳이 동의를 구하지 않겠네. 교수 체면을 봐서 양해하게나. 친구, 자네는 행복한가? 사람들 앞에선 잘난 척 떠들어도 사실 난 안 행복해. 캄캄해. 내가 하고 싶은 일을 하면서 무소의 뿔처럼 달려왔는데 왜 이렇게 공허한 걸까? 갠지스 강에 던져진 수많은 시체들을 보면서 죽음조차 초월했다고 생각했는데 겨우 외로움에 빠져 허우적대고 있다니! 가슴 설레는 일이 없어. 모든 게 시들부들해. 그림 달라고 재촉을 하는데 그릴 수가 없어. 다시 떠날 때가 온 걸까? 베를린으로 가볼까? 요즘은 거기가 대세라지? 이 나이에 다시 객지로 떠돌아야 한다는 게 서글퍼. 누가 날 강력하게 붙잡는다면 안 갈 수도 있는데. 아니, 누가 날 잡아주었으면 좋겠어. 근데 자식들도 그렇고 아무도 날 잡는 사람이 없네. 그런 생각을 하면 외로워. 뼛속 깊이 사무치게. 젠장.

내가 잘난 척하긴 했지. 하지만 생각해 봐. 갓난아이 두고 혼자 떠나 십 년 넘게 인도에서 산다는 게 쉬운 일이었겠어. 오죽하면 유서를 써놓고 떠났을까? 오직 가슴 설레는 일을 찾아 떠난 여행이었어. 가슴이 뛰지 않곤 그 어떤 일도 제대로 할 수가 없었거든. 그만큼 난 그림 그리는 일에 미쳐 있었어. 그림을 위해선 모든 걸 버릴 각오가 되어 있었지. 지금도 인도 캘커타 공항에 내리던 날의 기억을 떠올리면 끔찍해. 짐꾼들에게 열 개나 되는 가방을 들려 숙소로 가면서 내가 건너뛰었던 굶어 죽은 시체들. 인도는 상상 그 이상이었어. 갠지스 강엔 날마다 시체가 불태워 던져지고 그 시체에서 잇몸에 박힌 금을 찾는 이들의 붉은 눈을 봤지. 삶도 죽음도 별게 아니었어. 난 알 수 없는 충동으로 미친 듯 그림을 그렸고, 어느 순간 인도에서 유명한 화가가 되어 있었어. 날마다 인도 신문에 내 이름 석 자가 오르내렸지. 나를 아는 한국의 지인들은 그제야 내가 살아 있다는 걸 확인할 수 있었어.

그렇게 산 세월이 십 년 이상이야. 내 안에 남은 게 뭐겠나? 세상 밖으로 한 번도 나가본 적 없는 여자가 인도에 혼자 떨어져 살아남아야 했던 전쟁 같은 시간 속에서 난 오로지 깡으로 버텼어. 건진 건 상당한 값으로 거래되기 시작한 그림과 내 자존심이었고. 보상심리일지도 몰라. 난 사람들이 날 알아줘야 한다고 기대했거든. 생각보다 기대에 미치지 못한 한국에서의 반응은 내게 상처였지. 나도 모르게 그간의 삶이 입으로 튀어 나오기 시작했어. 한 권의 책으로도 모자랄 만큼 파란만장했던 내 삶을 광고한 셈이지. 처음 사람들은 호기심 어린 눈빛으로 내 말을 경청했지만 이내 지치고 지루한 눈빛이었지. 남의 이야기가 사실 뭐 그리 신나겠냐. 혼자 도취하여 떠든 내가 푼수였던 거지. 사람들의 권태로운 시선을 보면서 난 분노했어. 내 가치를 알아보는 인간이 이렇게 없다니. 안으로 침잠하는 시간이 길어지고 누군가 내 말에 귀를 기울이면 난 그에게 간이라도 빼줄 듯 집중했어. 물론 인도에서 내가 얼마나 고생했고 또 내가 얼마나 탁월한 재능을 가진 예술가인지를 증명하는 열변 때문에 그들도 곧 거리를 두었지만 말이야.

언니가 왔군. 오랜만이야. 근데 파리가 어디 있지? P 군, 숨어 있지 말고 나오게. 자넨 내 친구야. 나의 위안이라고. 난 자네가 필요해. 내가 독일로 떠날 때까지만 곁에 있어주게. 뭐라고? 언니가 뱅뱅 돌고 나가지 않는 파리를 때려 죽였다고? 누구 마음대로 그 친구를 죽인단 말인가? 왜 이상한 눈으로 쳐다보는데? 파리는 나의 유일한 말벗이었어. 한밤중에 잠 못 자고 미친년처럼 서성일 때 곁에 있어준 유일한 친구였단 말이야. 내가 무슨 이야길 해도 다 들어주었고 내가 혼자가 아니라는 걸 느끼게 해준 유일한 존재라고. 미친 거 아니냐고? 그래, 내가 이렇게 미쳐가는 동안 언니는 해준 게 뭐 있는데! 오 나의 친구,

파리야, 너의 죽음을 진심으로 애도한다. 오늘 저녁엔 너와의 만찬을 위해 특별한 음식을 마련했는데. 아 아, 친구가 없는 이 저녁을 나는 어떻게 보내야 할까…. 나는 또 잘못 온 전화에까지 목을 매고 누군가를 기다리는 시간을 보내야 하는 게 두려워. 저 끝도 없는 우울과 몽상의 터널 속으로 침잠해서 다시 나오지 못하게 될까 두렵단 말이야.

외로움에 치를 떨던 그녀는 마침내 독일로 떠났다. 명분은 가슴 설레는 일을 찾아서였다. 그녀가 어떤 변신을 하고 돌아올 것인지는 아무도 알 수 없었다. 사람들은 조심스럽게 점쳤다. 과연 그녀가 외로움이란 괴물과 한판 승부를 내고 다시 한 번 화폭 위에 새바람을 불러일으킬 것인지를. 나는 생의 마지막 결투를 위해 떠난 노 교수의 용기에 박수를 보냈다. 독일로 떠나고 일 년, 간간이 소식을 보내오던 그녀는 더 이상 외롭다는 문자를 보내오지 않았다.

벽

나는 경기도 파주에서 태어났다. 자고 나면 논밭에 삐라가 하얗게 뿌려지는 임진강 근교 마을이었다. 삐라의 자세한 내용은 기억나지 않지만 남한을 비방하고 선동하는 말들이 실려 있었던 건 분명했다. 삐라를 주워 학교에 가지고 가면 공책을 상으로 받았다. 같은 나이의 이승복 어린이가 "나는 공산당이 싫어요!"를 외치다 공비들에게 살해당한 무렵이었다.

가끔 전쟁이 나는 꿈을 꾸기도 했다. 짚더미 속에 몸을 숨기고 있는데 공비가 와서 뒤지는 꿈이었다. 발각되려는 순간 비명을 지르며 깨어나곤 했다. 동짓달 어느 밤에 공비들이 쑤어 놓은 팥죽을 모두 먹고 갔다는 마을 사람들의 이야기도 들렸다. 외할머니는 술이 얼큰할 때마다 이북으로 끌려간 외삼촌을 생각하며 눈물지었다.

큰외삼촌에게는 핏덩이 딸이 하나 있었다. 며느리는 일찌감치 재가를 했고 외할머니는 어린 손녀를 키우며 큰아들이 돌아오기를 학수고대하며 살았다. 외할머니가 키우던 손녀는 지금 환갑을 넘긴 할머니가 되었다. 평생 아버지의 얼굴도 모른 채 자란 그 외사촌언니는 아버지란 말이 낯설다고 했다.

작은외삼촌은 이산가족 찾기 운동이 시작되었을 무렵 이북으로 끌려 간 큰외삼촌의 소식을 수소문했다. 큰외삼촌은 바로 얼마 전 돌아가셨으며 새 가정을 꾸려 생긴 자녀가 있다는 사실도 알아냈다. 외할머니는 아들의 마지막 소식을 들으며 애통해 했다. 조금만 더 일찍 이 운동이 시작되었어도 얼굴을 볼 수 있었으리란 안타까움 때문이었으리라.

어린 내게 공산당은 이야기 책 속에 등장하는 뿔 달린 도깨비처럼 무서운 존재였다. 나이가 들고 세상물정을 알게 되었을 때에야 그들이 복잡한 정치적 이념으로 갈라서게 된 평범한 우리의 동족임을 알게 되었다. 그 가운데는 황해도에서 넘어와 새 삶을 일군 시아버지 같은 분들이 있었다. 대부분의 사람들은 정치이념과는 상관없이 좀 더 자유롭게 살기 위해 삼팔선을 넘었을 뿐이었다.

전쟁은 끝났지만 휴전선을 넘는 일은 아직 끝나지 않았다. 탈북자 숫자가 수만 명을 넘어섰다는 보도를 본 적이 있었다.

언젠가 보았던 꽃제비 여인에 관한 영상은 충격적이었다. 너무 배가 고픈 나머지 토끼풀을 뜯어 먹었다는 여인은 당시 스물 세 살이었다. 앙상하게 뼈만 남은 몸집에 누더기 옷을 걸친 여인의 모습은 도저히 인간의 형상이라곤 볼 수 없었다. 꽃제비 여인은 끝내 부패된 시신으로 옥수수 밭에서 발견되었다. 더욱 안타까운 것은 일고여덟 살 된 어린아이들까지 밥을 찾아 죽을 고비를 넘겨가며 국경을 넘는 현실이었다.

어린 시절 뒷동산에 올라 듣던 대남 비방 방송은 결의에 차 있었다. 나 또한 뜻도 제대로 모르는 채 '무찌르자 공산당'을 흥얼거리고 다녔다. 큰아들을 그리는 외할머니의 눈물이 애잔하기는 했으나 그 한을 헤아리기엔 너무 어렸다. 외할머니는 끝내 큰아들을 가슴에 묻은 채 돌아가셨다. 명절이면 임진각 근처에서 부모님이 잠들어 있는 북녘을 향해 절을 올리고 눈물짓는 실향민들을 보면서 뒤늦게 외할머니 생각에 가슴이 저렸다.

요즘 젊은 사람들 가운데는 굳이 통일을 해야 하느냐는 목소리가 꽤 있다고 한다. 막대한 통일 비용을 감당하는 것이 부담스럽다는 이유였다. 북한 주민들의 실상이 딱하기는 하지만 이쪽 역시 살기가 만만치 않은 현실이라는 주장이었다. 마음으로 안타깝게 여기는 것과 고통을 분담하는 일은 별개의 문제로 쳤다.

자유를 찾았다고 모든 일이 해결되는 것도 아니었다. 새터민으로 분류된 그들은 이방인 취급을 받았다. 감추려도 감출 수 없는 말투 때문에 직업을 구하는 일조차 쉽지 않았고, 학교에서도 따돌림을 당하는 일이 빈번했다. 그러다보니 아예 말을 하지 않는 서글픈 현상이 벌어진다는 보도를 본 적도 있었다. 배고픔은 겨우 모면했으나 또 다른 벽이 이들을 허기지게 하고 있었다.

어쩌면 저 휴전선보다 더 완고하고 비정한 건 우리 안의 무관심과 이기심인지도 모른다는 생각이 들었다. 물론 남한의 호의를 악용하고 인민을 제대로 돌보지 않은 북한 당국의 책임이 더 클 터였다. 그러나 우리 안의 휴전선이 무너지지 않으면 저 한반도를 가로지른 삼팔선을 무너뜨리는 일은 더 요원하지 않을까 싶었다. 밥과 자유를 찾아 남하한 그들을 먼저 우리의 이웃으로 품어주는 일은 통일을 위한 작은 마중물이 될 수도 있지 않을까.

오랜만에 고향 파주를 찾았다. 오두산통일전망대에 올라 북녘의 산하를 굽어보았다. 한 많은 사연을 간직한 채 임진강은 오늘도 무심하게 서해로 흐르고 있었다. 어느 세월에야 저 휴전선 무너지고, 남북이 물처럼 섞여 굽이굽이 흐를거나.

오래된 미래

당진 문예의 전당에서 유물 전시회가 열렸다. 무려 2천여 점의 유물이 전시관 아래위 층을 가득 채우고 있었다. 유물은 선사시대의 돌도끼를 비롯해서 근대의 민속품인 반다지에 이르기까지 다양했다. 전시관 중앙에 진열된 삼국시대의 토기며 금동불상, 도자기들은 한눈에 보아도 범상한 유물이 아님을 알 수 있었다.

무지한 눈으로 보기엔 단지 녹슨 쇠붙이에 지나지 않는 것처럼 보이는 관 못에서부터 한눈에 알아볼 만큼 진귀한 보물에 이르기까지 선생의 설명은 찬찬하고 진지했다. 삼십 년 전만 해도 개인이 출토된 물건을 소유하거나 매매하는 일이 가능했다고 한다. 문화재에 대한 인식이 미천하던 때여서 돈만 주면 얼마든지 유물들을 구입할 수 있었고 그 바람에 숱한 문화재들이 일본으로 빠져나갔다는 안타까운 이야기를 덧붙였다.

유물 소장자인 M 선생의 안내를 따라 관람하던 나는 깨진 도자기 조각들 앞에서 걸음을 멈추었다. 얼핏 보아선 길가에 나뒹구는 사금파리 같지만 모두 청자의 비색翡色이 살아 있는 보물들이었다. 깨진 조각에 숨은 가치를 알아본 안목도 귀하거니와 무엇보다 그의 유물 사랑이 유별했음을 알 수 있었다. 돈 많은 자의 허영이나 삿된 공명심과는 거리가 먼 사료들이어서 감동은 더 컸다.

이층 전시실 입구에는 예스러운 멋이 고스란히 살아 있는 화초장이 위엄을 갖추고 서 있었다. 민요 가락 속에서만 듣던 화초장, 그 고풍스러운 멋과 품위는 넉넉히 관람객의 시선을 사로잡을 만 했다. 망자의 혼과 신주를 모신다는 요여, 조족등, 화각함에 칠보 청동 빗, 양반들의 수염에 슬은 서캐를 쓸어내리는데 쓰였다는 참빗까지 그야말로 눈이 홀릴 만큼 진귀한 유물들이 수두룩했다.

정신없이 눈을 두리번거리고 있는데 선생이 헛기침과 함께 벽 위쪽에 걸린 한 옷을 가리켰다. 선생은 윗대 조상의 조복이라며 이장을 할 때 거둔 것이라고 했다. 금방이라도 날아오를 듯 두 팔을 벌린 채 걸려 있는 푸른 조복. 풀기가 빠져 후줄근하긴 했으나 고름이며 소매 깃까지 조금도 손상이 되지 않은 상태였다. 삼백여 년의 어둠을 견뎌 내고도 조복은 푸른빛을 간직한 채 의연했다. 사람은 잊히고 세월은 일백 번의 돌고 도는 유행을 지나왔으나 무덤 속의 옷은 어제 벗어놓은 듯 건재했다.

무채색의 베로 된 조복만 보던 내게 푸른 조복은 낯설었다. 어떻게 수백 년이 지나도록 변색이 되지 않았을까? 선생은 천연 염색에 그 비밀이 있다고 했다. 그의 남다른 열정이 아니었다면 수백 년 전 조상들이 입었던 조복 원본을 보는 일이 어떻게 가능했을 것인가. 덕분에 우리는 당시의 장례문화와 복식을 일별할 수 있는 특별한 기회를 가지게 되었다.

전시관을 돌아보면서 나는 유물이 관념의 세계가 아니라 구체적인 일상의 세계라는 것을 깨달았다. 선사시대의 돌칼이든 삼국시대의 토기양이호든 조선시대의 요여이든 반가의 색실함이든 모두 그 시대 조상들의 삶의 흔적과 숨결일 터였다. 각기 다른 특징을 지닌 지문처럼 유물은 당대 문화의 내밀한 문양들을 구체적으로 보여주고 있었다. 그것은 수천 년에 걸쳐 인간이 몸으로 새긴 무늬, 즉 인문人文에 다름 아닐 터였다. 이렇듯 여러 시대 문화의 변천사를 한자리에서 들여다볼 수 있는 타임머신 여행을 할 수 있다는 것은 얼마나 고마운 일인가.

무엇보다 우리는 그러한 유물들을 통해 한 시대의 흐름을 읽을 수 있고 그것을 바탕으로 미래를 향한 통찰의 시선을 갖게 될 수도 있다는 점에 유의해야 한다는 생각이 들었다. 스티브 잡스는 "소크라테스하고 한나절을 보낼 수 있다면 애플이 가진 모든 기술을 주겠다."라는 말을 한 적이 있었다. 소크라테스는 인간이 어떻게 움직이는가 하는 것에 관심을 가지고 관찰하는 철학자였고, 스티브 잡스는 인간이 움직이는 흐름을 읽는 능력을 갖춘 사람이라야 성공할 수 있다는 걸 안 사람이었다. 결국 잡스는 인간이 변화해가는 맥을 이해하는 것이 무엇보다 중요함을 알고 있었고 그것을 생존과 연관시켜 볼 수 있는 눈을 가진 사람이었다. 덕분에 그는 스마트 폰을 통해 세계를 손바닥 위에 올려놓은, 성공한 사람이 되지 않았던가.

비슷하게 유물은 조상들이 남긴 지혜의 유산이고, 우리는 그것을 바탕으로 미래에 대한 상상력과 창의력을 계발해 나갈 수 있을 것이다. 그런 면에서 유물은 '오래된 미래'나 다름없다. 그 가치를 일찍이 알아본 선생의 남다른 열정과 선견지명에 경의를 표했다. 이제 그 유물들을 어떻게 가치 있는 문화재로 보존하고 전승할 것인가에 대한 숙제를 풀어가는 일만 남은 셈이었다.

전시관을 돌아본 뒤 나는 담소에서 선생은 유물 수집가가 된 동기를 묻는 질문에 홍안의 소년이 되어 대답했다.

"그냥 좋았어요. 유물이라면 무작정 가슴이 뛰었지요. 그렇게 미쳐 살다보니 여기까지 왔네요."

"뜻이 맞으면 시에 기증할 수 있다고도 하셨다는데요. 평생을 바쳐 수집한 유물들이고 금액도 상당할 텐데 아깝지 않으세요?"

"저 아미산*이 내 소유라고 해서 내 것이라고만 할 수 있겠어요? 귀중하고 아름다운 것일수록 공유해야 한다고 생각해요."

우문에 현답이었다. 불광불급不狂不及의 사람, 그가 남긴 가장 귀한 유물은 어쩌면 가슴 뛰는 일을 하면서 살았던 열정, 기꺼이 내어주는 마음일지도 모른단 생각이 들었다. 그래, 누군가에게 꿈이 되고 길이 되는 삶, 그보다 멋진 유산이 있겠는가.

* 아미산: 당진에 있는 산 이름

굽

별다른 멋이 없다. 질박하니 둥그스름한 테두리가 전부다. 오로지 기능에 충실한 모양새다. 눈여겨보는 사람도 잘 없다. 그것은 그릇의 중심, 바로 굽이다.

그릇의 화려한 문양에만 관심이 있었을 뿐, 굽에는 거의 눈길을 준 적이 없다. 설거지를 할 때도 그릇의 안쪽은 힘을 주어 닦지만 굽이 있는 아랫부분은 대충 닦는다. 우연히 굽 안쪽에 찌든 때를 발견하지 않았다면 여전히 굽에 대해서는 무관심했을 것이다.

세상은 미혹케 하는 것들로 끊임없이 나를 부추겼다. 보이는 것이 전부다, 보이는 조건들에 목숨을 걸라고 속삭였다. 나는 곧잘 보이는 것에 현혹되었다. 속보다 겉모양에 신경을 썼다.

그 겉을 받침하고 있는 게 마음의 굽이라는 것은 생각지 않았다. 그 굽에 때가 끼고 균열이 생기면서야 깨달았다. 눈의 속임수를, 세상의 허황된 선전을.

결이 있고 층이 있는 마음을 닦는 일은 매끄러운 마음 바깥을 닦는 일보다 더 어렵다. 나이 들수록 본능은 집요해지고, 욕망은 완고해진다. 미루거나 묵히면 단박에 표가 난다. 마음은 중심을 잡기 위해 늘 분투하고 그만큼 상처에 민감하다. 매일 공들이지 않으면 어느새 녹슬고 때가 낀다.

제아무리 품격이 있는 그릇도 변색이 되면 귀하게 쓰이지 못한다. 품위란 안팎의 건강한 조화에서 배어나오는 것, 화려한 겉 문양도 변색의 누추함을 가리진 못 한다. 보이지 않는 것과 보이는 것이 나란히 간다는 것을 비로소 알 듯싶다. 무엇보다 마음을 받치고 선 중심, 굽을 깨어 살필 일이다.

욕망의 무지개

레드

욕망은 다채롭다. 빨주노초파남보, 아니 그 이상이다. 욕망은 무한 변용과 변주가 가능한 리퀴드. 다양한 변주가 펼쳐내는 역동적인 파노라마. 뜨겁게 차갑게, 엎치락뒤치락 뒤엉켜 생성과 소멸을 반복하는 한판의 뜨거운 희극. 그 무대의 중심에 여성이 있다.

〈관능의 법칙〉에서 중년의 과부 조민수는 말한다.

"엄마는 클리도리도 없는 줄 아니?"

딸은 무시하는 투로 대답한다.

"참내, 클리토리스! 참하게 좀 늙어가슈."

낯 뜨거울 만큼 솔직한 모녀간의 대화. 영화 속 한 장면이긴 하지만 더 이상 낯설지 않은 풍경이다. 그만큼 여성들은 자기 욕망에 대해 솔직해졌다. 그러나 그 현실을 모두 편안하게 받아들이는 것은 아니다. 딸의 반응에서 알 수 있듯 엄마의 욕망을 여자의 욕망으로 이해하기란 쉽지 않다. 여성 스스로도 자신의 욕망을 바라보는 시선이 가부장적 시대의 사고에서 온전히 자유롭지 못하다는 증거다.

〈섹스 언 더 시티〉의 여주인공 중 하나인 사만다는 자신의 욕망을 표현하는 일에 거침이 없다. 언제 어디서나 관습, 제도, 사회적인 시선을 개의치 않고 온전히 자신의 욕망에 집중한다. 연애 대상이 특정인에 한정되어 있지도 않다. 오직 몸을 가지고 살아가는 인간에 충실하다. 물론 상대와 합의가 되는 한에서다. 그것은 그녀가 선택한 삶의 한 방식이고 친구들 또한 어떤 윤리적 판단을 하지 않는다. 흑백의 단순함도 좋지만 사람은 각기 다른 색깔을 지니고 태어나며 그 색깔대로 삶을 향유할 권리가 있음을 인정하는 태도다.

고백을 해야겠다. 언젠가 〈즐거운 사라〉라는 연극을 보러 간 적이 있었다. 소극장은 만원이었다. 대부분 젊은 사람들이었고 여자와 남자가 거의 비슷한 숫자였다. 나는 사람들과 눈을 마주치지 못했다. 중년의 나이에 젊은 사람들 틈에 끼여 포르노라고 입에 오르내리는 연극을 본다는 게 영 민망해서였다.

생애 처음 내본 엉뚱한 용기 저변엔 표현의 자유가 어디까지 왔는지, 발가벗긴 욕망을 통해 과연 성은 무엇이고 인간은 무엇인지를 확인하고 싶은 생각이 있었다. 불쑥불쑥 작동하는 내 안의 윤리적 잣대에 대해 올바른 정리를 하고 싶기도 했다. 아니, 어쩌면 그 모든 핑계들은 관음증적 욕구 충족을 위한 그럴듯한 변명일지도 모르겠다. 지금은 여상한 이야기가 되었지만 원작이 출간될 1989년 당시엔 음란성 논란 끝에 판매중지 되고 작가가 구속될 만큼 충격적인 담론이었던 것이다.

전라의 아름다운 여인들과 남자들, 대담한 성행위 묘사, 청각을 자극하는 신음소리, 환상적인 핑크빛 조명, 건강한 성인이라면 누구나 충동을 느낄 만큼 도발적인 상황이 연출되었다. 거기엔 어떤 부끄러움도 죄의식도 없었다. 극장 관람석은 어둑하니 조용했고 사람들은 절정으로 치닫는 사랑의 행위에 숨을 죽였다. 칠흑 같은 어둠 속에서 몰래 행하던 사적인 생활을 무대 위로 올려 함께 즐기는 시대, 본질적 소통에는 언제나 섹스가 숨어 있다는 어느 시인의 말은 과장이 아니었다. 날것 그 자체로 제공되는 성의 퍼포먼스 현장에서 인간에 대한 내 생각이 얼마나 관념적이고 추상적인 것인가를 깨달았다. 보는 내내 의식은 끊임없이 표현의 자유와 윤리 도덕의 경계를 오락가락했다.

나는 남편과 한 번 잔 일 때문에 결혼을 했다. 그만큼 같이 잔 것에 대한 의미와 책임이 컸다. 요즘 사람들이 들으면 웃을 이야기지만 사실이었다. 물론 그때도 연애대장은 있었고 나처럼 한 번 잤다는 이유로 다 결혼을 하진 않았다. 남자를 바꾸어 가며 연애를 했던 친구들은 영악하게 남자를 골라 시집을 갔다. 시침 뚝 떼고 현모양처가 되어 무탈하게 잘 사는 걸 보면 가끔 내 선택이 현명했던 것인지 의심스러운 적도 있었다. 세상은 변했다. 자유롭게 사랑하고 쿨하게 헤어지고, 게임하듯 사랑을 즐긴다.

시버스 교수는 여자들이 성 역할에 있어 과연 남자보다 수동적이고 소극적인가 하는 과학적인 실험을 했다. 여성들을 대상으로 질 내에 삽입할 수 있는 작은 진공관과 광센서가 달린 혈류측정기를 사용해서 흥분 정도를 측정하는 실험이었다. 실험 결과는 '노'였다. 일반적으로 알고 있는 여성의 욕망에 대한 이해와는 판이하게 달랐다. 실험은 남녀 모두 동일한 성적 욕구와 강도를 가지고 있다는 것을 밝혀주었다. 여성성에 대한 기존의 생각은 다분히 사회적으로 강요되거나 억압된 것들이라는 것이 시버스의 주장이었다. 그녀는 ≪욕망하는 여자≫란 책을 통해 여성이 타고난 모습 그대로 당당하게 살아가기를 바라는 마음에서 이 연구를 진행했다고 밝혔다.

시대에 따른 표현의 차이는 있을지언정 성은 인간의 자연스러운 욕구이며 사랑하는 두 사람의 가장 친밀한 접촉임에 틀림

없다. 인류 역사 이래 사랑이 중심 화두가 되는 이유가 거기 있을 것이다. 결코 하나가 될 수 없는 두 개체가 무아의 지경에서 온전히 합일의 순간을 체험하는 것, 그것은 다른 것으로 대체할 수 없는 쾌락이다. 성이 삶의 전부는 아닐지라도 삶의 근간을 이루는 욕구임은 분명하다.

욕구의 횟수나 강도에 남녀의 차별이 크지 않다는 시버스의 주장대로 최근 상영되는 영화나 소설 속 현대 여성들의 애정표현은 거침없고 자유분방하다. 내숭녀는 더 이상 남자들의 호감 대상이 아닌 세상이다. 속으로만 품고 애를 태우던 갑순이와 갑돌이의 사랑과는 하늘땅처럼 다른 방식이다. 사랑할 기회가 남아 있을 때, 아직 몸에 뜨거운 피돌기가 왕성할 때 많이 표현하고 많이 사랑하라, 대놓고 광고하는 세상이 되었다. 물론, 분별없는 뜨거움에 데인 상처를 치유하는 일도 자기 몫일 테다.

옐로

워커홀릭. 자본주의 사회의 핵은 경쟁이다. 속도와 효율은 곧 돈이다. 달리고 달리고 달리고! 톨스토이의 우화에 나오는 농부처럼 달리고 달려도 끝내 충족되지 않는 욕망의 마천루. 여성들은 일과 가정이라는 두 개의 축 사이에서 존재를 앓는다.

영화 〈악마는 프라다를 입는다〉에서 주인공 미란다는 일의 성취를 얻고 가정을 잃었다. 엄마 역할은 돈으로 고용한 비서가 다 맡아서 한다. 언제나 일이 우선인 미란다. 마침내 가장 중요한 모임에서 남편의 이혼 통보를 받는다. 피눈물을 흘리면서도 미란다는 가정 대신 일을 택한다. 미란다가 남자였다면 아마 그렇게 버림받지는 않았을지 모른다. 오히려 존경을 받았을 수도 있다. 여자에게 주어진 여러 가지 역할을 다 감당하면서 일의 성취를 기대하긴 어렵다.

하버드 경영대학원의 인적자원관리 코스 2년차 학생들이 여러 나라의 최고경영자들을 대상으로 인터뷰를 했는데 '남녀 모두 직장과 가정 사이에서의 갈등은 주로 여성의 문제 영역으로 치부하고' 있다는 결과가 나왔다. 여성들이 일과 사생활을 병행하기엔 여전히 사회적 여건이 요원한 실정임을 확인할 수 있었다.

남자 하나 잘 물어서 일생을 보장받던 시대는 지나갔다. 예전처럼 순종이 미덕인 세상이 아닌 것이다. 손 놓고 엄마나 아내의 역할만 해서는 더 이상 안락하게 살 수 없다. 무엇보다 그 역할만으로는 자기 존재감을 충만하게 느끼지 못한다. 문명화된 사회일수록 여성의 자기 정체성에 대한 욕구는 커진다. 남편에겐 내조의 여왕, 아이들에겐 교육전문가, 직장에선 업무의 프로, 재테크 전문가까지 현대 여성들은 올라운드 플레이어를 해야 할 판이다. 그 필요를 충족시키기 위해 여성들은 전사가 될 수밖에 없다. 출산율이 줄고 자기 직업을 위한 준비기간이 늘어나는 것도 그 이유일 것이다. 그런 부담 때문인지 주변에 독신여성이 많다. 그들은 대개 평생 가질 수 있는 직업을 가지고 있고, 굳이 결혼에 목매지 않는다. 적당한 연애의 대상을 갖는 것을 더 편안해 한다. 감당할 수 없는 결혼의 짐을 지느니 감당할 만한 연애를 하면서 자기 생활을 즐긴다.

친구 중에 독신 여성이 있다. 나무랄 데 없이 매력 있는 여자다. 카페를 운영하며 혼자 산다. 전공은 아니었지만 취미로 그림을 그린다. 가끔 친구도 만나고 동호인 모임도 갖는다. 물론 연애도 한다. 그러나 서로 구속은 하지 않는다. 외로운 게 흠이긴 하지만 주변에 늘 사람이 있어 그다지 나쁜 편은 아니다. 그녀의 애정 표현은 적극적이면서도 자연스럽다. 마음이 가는 사람에겐 기꺼이 허그를 요청한다. 다소 멋쩍지만 신선한 관계법이다. 결혼한 친구들은 그녀를 부러워한다. 물론 그 모든 여유와 자유는 결코 공짜가 아니다. 그녀는 자기가 원하는 삶을 위해 청춘을 다 바쳤다.

일본에도 결혼을 하지 않는 독신여성들이 늘어나는 추세라고 한다. 얼마 전 지구촌 뉴스에서 인터뷰에 응한 한 중년 여성은 결혼은 하지 않고 아이만 갖기 원했다. 나름 성공한 삶을 살고 있었지만 뭔가 충족되지 않는 허전함을 느꼈는데 바로 여성이 가진 모성적 욕구의 갈망 때문이었다고 한다. 그녀는 입양이든 인공수정이든 가능한 모든 방법을 동원해 아이를 갖게 되기를 열망하고 있었다.

프랑스는 결혼하지 않고 아이만 키우거나 결혼은 해도 아이를 입양하는 커플이 가장 많은 나라라고 한다. 주로 아프리카계 아이들을 입양한 프랑스의 경우 그 아이들이 자라나면서 심각한 인종 간의 갈등과 차별이 사회문제가 되었다. 이는 엄마로서의 역할이 단순한 한 개인의 문제가 아니라 이 사회의 구조적인 문제와 밀접한 관련이 있다는 것을 시사한다. 다방면으로 한 시대의 트렌드를 이끌어가는 현대 여성들의 자유분방하고 독립적인 삶의 방식은 거스를 수 없는 시대의 조류다. 하지만 근본적인 가치들을 고려하면서 가지 않을 때 그 또한 반쪽의 행복일 수밖에 없지 않을까.

'낀 세대'라고 불리는 중년들에겐 한 가지 고민이 더 추가된다. 얼마 전에 결혼한 아들이 아기를 봐줄 수 있느냐고 물었을 때 나는 완곡하게 거절했다. 아들은 섭섭한 눈치였다. 나도 마음이 편치는 않았다. 예전의 어머니 세대 같으면 자청해서 아이를 맡아 키워준다고 했을 일이었다. 여전히 헌신을 요구하는 자식과 오랜 염원이었던 '마이 웨이'의 선언 사이에서 오래 갈등했다. 이젠 나를 중심으로 살고 싶다. 자식에 대한 의무보다 이젠 스스로에 대한 의무에 더 충실하고 싶다. 아직 자리를 잡지 못한 아들의 처지를 생각하면 내 바람이 사치 같아 짠하긴 하다. 모성적 의무와 자아의 독립 사이에 양가감정은 극복하기 쉽지 않은 숙제다. 흔들리는 마음을 다잡는다. 결국 자기를 위해 사는 게 가장 잘 사는 길이라고 자위하면서.

블루

> "쇼핑할 땐 버터처럼 가슴이 녹아요. 쇼핑할 땐 숨어 있는 내 안의 욕망이 깨어나죠. 쇼핑을 할 땐… 불빛이 켜져요, 환하게요. 하지만 곧 꺼지고 말아요… 그래서 난 또 쇼핑을 해요."
>
> — 영화 〈쇼퍼홀릭〉에서

밍크가 수십 벌은 된다는 K집에 친구를 따라 놀러갔다. 강남에서 살다 온 그녀는 사십대에도 스물 후반의 몸매와 외모를 지니고 있었다. 장롱 속에 있던 밍크가 줄줄이 거실 탁자 위에 산처럼 쌓였다. 색깔도 길이도 디자인도 다양했다. 무엇보다 사람들의 구미를 당기게 한 것은 전세계적으로 몇 벌밖에 없는, 번호가 붙은 명품이라는 사실이었다. 그에 걸맞게 한 시절을 풍미했던 밍크의 트렌드를 한눈에 볼 수 있었다. 사람들은 입어나 보자며 저마다 제 취향에 맞는 것들을 골라 걸쳤다. 옷이 날개라고 명품 밍크를 입은 여자들은 갑자기 강남 사모님으로 변신했다. 잠시나마 눈이 황홀해진 아줌마들은 침을 삼키며 값을 물었다. 주인은 말로 하지 않고 손가락을 세 개를 폈다 접고 다시 열 개를 폈다. 사람들은 숨을 죽이고 그녀의 손가락을 보다가 꼴깍 침을 삼켰다. 수천에서 일억을 호가하는 옷. 시골 읍내 사람들에겐 집 한 채 값이었다.

K 씨는 강남의 목 좋은 곳에서 어린이집을 운영하던 원장이었다. 한 달 수입이 기천만인 데다 남편의 사업도 잘되어서 세상에 돈 걱정 없이 사는 여자였다. 자기 일에도 최선을 다했을 뿐 아니라 삶을 즐기는 일에도 최상급의 품위를 유지했다. 잘 벌고 잘 먹고 잘 쓰자 주의였다. 당차게 자기 일을 하는 여자, 삶의 여유를 즐길 줄 아는 여자, 그녀는 주변 사람들의 부러움의 대상이었다. 그날 여자는 유행이 약간 지난 몇 벌의 블랙 글라마 밍크를 헐값에 팔았다. 비록 중고이긴 했으나 품질은 최상의 것들이어서 저마다 횡재를 만난 듯 입이 벌어져 돌아갔다. 한 여자는 밍크를 사 들고 나오는 길에 자동차 사고를 냈다. 밍크를 산 기쁨에 정신이 혼미했는지 멀쩡히 서 있는 차를 들이받았다. 그 집의 형편을 알고 있던 나는 그녀의 자발없음에 혀를 찼다. 웬걸, 그 밤 나는 블랙 글라마 밍크가 떡하니 우리 집 장롱에 모셔져 있는 꿈을 꾸었다.

현대 여성의 소비문화를 한눈에 볼 수 있는 공간은 역시 백화점이나 문화센터가 밀집해 있는 대도시다. 한낮에 레스토랑에 가면 손님의 90%가 여자들이다. 브런치라도 최하 2만 원은 하는 고급 레스토랑이다. 패션모델처럼 차려입은 젊은 여성들이 태블릿 피시를 앞에 놓고 우아하게 커피를 마시는 장면을 일상적으로 볼 수 있다. 그뿐 아니다. 백화점 문화센터 유아 놀이교실 앞에는 이백만 원이 넘는 명품 유모차가 아니면 소위 '쪽'이 팔려서 줄을 설 수가 없다고 한다. 아이들을 유아교실에 맡긴 엄마들은 다시 삼삼오오 모여 레스토랑에서 수다를 즐긴다. 그들은 당당하게 말한다. '굳이 집 산다고 궁상맞게 살 필요 없다. 현재를 즐기는 게 더 중요하다.' 집이 평생의 꿈이었던 세대에겐 이해할 수 없는 현상이지만 그게 요즘 젊은 여성들의 보통 가치관이다.

나에겐 칭찬할 만한 조카 둘이 있다. 둘 다 곧장 잘 자라서 동생의 자랑거리가 된 아이들이다. 하나는 대학병원에 근무하는 의사가 되었고 하나는 금융기관에 입사해서 인정받는 사원으로 있다. 고생하면서 자기들을 가르친 부모를 올곧게 공경하는 참한 아이들이다. 취업을 하면서 그 아이들이 첫 번째로 산 물건은 뜻밖에도 명품 가방이었다. 결혼할 때 받기 원한 것 역시 수백을 호가하는 명품 가방이었다. 명품은 특별한 사람들만 좋아하는 물건이 아니라 평범한 가치관을 지닌 보통 사람들에게도 상당히 매력적인 물건이라는 것을 그때 알았다. 백화점에만 가면 가방 매장에서 한참을 서성거리던 나의 버릇을 이해하게 된 것도 그 무렵이었다. 현대 여성들은 더 이상 신데렐라를 꿈꾸지 않는다. 대신 남자들과 당당하게 경쟁하고 또 당당하게 그 보상을 즐긴다.

명품 하나를 소유하기 위해 몇 달치 월급을 모은다는 기사를 본 적이 있다. 명품을 사러 들어가는 그 순간 자신에게 쏟아지는 시선의 즐거움을 위해 그녀는 몇 달 동안 허리띠를 졸라매는 불편을 감수한다는 것이다. 브랜드 이미지는 세상 사람들에게 내가 누구인지 알려주는 엄청난 시선의 권력이다. 사람들은 기꺼이 그 시선을 사기 위해 그 무엇이든 지불할 준비가 되어 있다. 열심히 일한 당신, 소유하라 명품 브랜드를! 암묵적인 세상의 동의라고 해야 할까.

이미지가 그 사람의 정체성이 되는 물신의 시대, 자본은 끊임없는 소비를 위해 명품 브랜드로 사람들의 욕망을 유혹한다. 어쩌면 맹렬한 워커홀릭과 쇼퍼홀릭 사이엔 명품이라는 마력적인 미끼가 사슬고리처럼 연결되어 있는 것은 아닐까. 돈으로 모든 가치를 포획할 수 있으리라는 사람들의 믿음은 철옹성처럼 견고하다. 하여 명품관의 불빛은 꺼지지 않을 것이다. 자본주의라는 신흥종교의 유인등은 더욱 고가의 화려한 이미지로 사람들을 끌어모을 것이다. 물론 상당수의 여성들은 시급 사천원의 일상 속에서 그 언저리를 기웃거리는 일조차 꿈꾸지 못한 채 살아갈 테지만.

퍼플

욕망은 시대에 따라 다른 기준으로 해석되어 왔다. 이성적 윤리에 의해 냉혹한 재판을 받으며 억압되었던 욕망은 이제 사회의 변화를 추동하는 원천으로 과분한 대접을 받고 있다. 수백 개의 케이블 채널은 다양한 욕망의 전시장이다. 환상적인 이미지로 제공되는 삶의 판타지. 시청료는 염가지만 구매는 아무나 할 수 없다. 덕분에 스크린은 끊임없는 갈증과 배설의 통로가 된다. 자본주의는 모든 사람이 포획될 때까지 욕망을 자극하는 메시지를 전송할 것이다. 우리의 욕망을 흡입하며 거대 권력이 된 맘몬 신. 자신도 모르는 사이 맘몬은 우리 욕망의 주인이 된다. 만개한 욕망의 꽃 뒤에 숨은 치명적 복병이다.

바람의 속성은 끊임없이 움직이고 변화하는 것. 우리의 욕망도 그와 같으리라. 위대한 문학의 아우라가 자유로운 감정의 발현 속에서 피어나듯, 욕망의 무지개는 부딪히고 저항하는 아슬아슬한 일탈의 경계에서 피어난다. 찬란한 무지갯빛 영광은 욕망의 교활한 복병을 무시하지 않고 슬기롭게 다스릴 줄 아는 자의 것이리. 복병이 피할 수 없는 우리의 운명이라면 한판 '맞짱'을 떠볼 일이다. 비록 '우리'의 욕망을 나의 욕망으로 착각하며 살고 삶의 팔 할이 '우리'에 휩쓸려 제 색깔을 잃을지라도 2할의 의지만큼은 사수하자. 하여 시간의 지층에 새겨진 우리 삶의 무늬가 바람 든 쭉정이의 춤사위만은 아니었다고, 한 시절 용기 있게 제 욕망의 무지개를 꽃 피웠노라고 말할 수 있기를 바랄뿐. 여성들이야말로 이 바람 많은 자본주의 시대, 그 흐름을 밑받침하는 역동적이고 변화무쌍한 힘이었다고 말할 수 있기를 바랄뿐.

괜찮다

삶의 좌표가 있었다면 내 인생이 달라졌을까? 아마 그랬을지 모른다. 놓친 행운의 가능성을 곱씹는 일은 얼마나 잔인한가. 기회는 왜 늘 반걸음 빠르고, 후회는 왜 늘 반걸음 늦는 것인가.

초등학교 때 가훈을 써 오라는 숙제를 받은 적이 있었다. 아버지는 특별히 가훈 같은 걸 말한 적이 없었다. 아버지는 그저 정직하고 성실한 농부였다. 사람과 삶이 다르지 않으니 굳이 간판을 걸어 자식들을 교육할 필요를 느끼지 않았을지 모른다. 내가 말을 꺼내서야 아버지는 정직과 성실을 가훈으로 써 주었다. 반 아이들 절반이 비슷한 내용을 가훈으로 받아 왔다. 성실과 정직을 최고의 덕목으로 쳐주던 시대, 그때만 해도 꽤 살 만한 세상이 아니었나 싶다.

군것질이래야 밭에서 나는 풋것이 전부이던 시절, 학교 앞의 신식 과자는 열 살 아이에게 감당할 수 없는 유혹이었다. 달걀 한 개를 훔쳐 사 먹은 '라면땅' 맛은 얼마나 황홀했던지. 그날 저녁 나는 호되게 회초리를 맞았다. 달걀을 훔치지 않았다고 잡아떼다 더 혼이 난 것이다. 아버지는 무릎을 꿇리고 엄하게 꾸짖었다. 달걀을 훔친 죄보다 더 나쁜 건 거짓말을 한 죄라고. 아버지의 서슬이 무서워 다시는 안 그러겠다고 했지만 그 후에도 나는 여러 번 정직하지 못했다.

일단 아니라고 잡아뗀다. 나중에 산수갑산을 갈망정 당장은 아니라고 펄펄 뛴다. 그게 죄를 지은 사람들이 나타내는 첫 번째 반응이다. 낯설지 않다. 요즘 텔레비전을 보면 줄줄이 그런 어른들의 얼굴이 나온다. 멀쩡한 허우대에 시치미를 뗄수록 수상쩍은 사람일 확률이 높다. 누구도 그들의 말을 믿지 않는다. 정직, 이젠 필요할 때만 꺼내 쓰는 장식이라고 해야 하나.

"성공하고 싶으면 많은 약속을 하라. 그리고 가능한 그 약속을 지키지 말라. 정치인의 모순은 약점이 아니다." 나폴레옹이 한 말이라고 한다. 인간의 심리를 꿰뚫어본 말이다. 그 수법은 여전히 인기가 있어서 선거철만 되면 달콤한 약속들이 난무한다. 부정직할수록 성공하는 세태에 정직이란 얼마나 고리타분한 가치인가. 정직도 성실도 밥이 되지 않는 세상에 무엇으로 좌표를 삼고 살아야 하나.

한마디 말이 이정표가 되어 인생이 바뀌었다는 사람이 간혹 있다. 가만히 들여다보면 그 말보다 말을 받아들인 사람의 마음자세가 관건이다. 누군들 하루아침에 금자탑을 쌓았겠는가. 결국 기회를 행운으로 바꾸는 건 당사자의 의지와 노력에 달렸다는 의미리라.

내게도 그런 기회가 아주 없지는 않았을 것이다. 소박하고 평범한 농부의 삶을 살았지만 자식을 향한 아버지의 한마디 한마디는 세상 어느 위인의 말에 못지않았다. 문제는 내게 그 말을 알아들을 귀가 없었다는 것. 이젠 너무 진부해서 가훈 축에 끼지도 못 하는 단어, 정직과 성실. 그래도 그것이 우직하게 이 땅을 받쳐 온 순정한 가치가 아닐까. 듣는 귀가 조금만 더 지혜로웠더라면 이렇게 옹색한 살림은 면했을 테다.

잡다하게 읽은 책들도 여러 권이다. 그중에 인생의 좌표로 삼을 만한 가르침이 왜 없었을까. 덕분에 방종과 오만은 겨우 비켰으나 태만은 극복하지 못했다. 그로 인해 인생을 낭비하였으니 그보다 큰 죄가 어디 있으랴. 문제는 역시 통찰력 없는 내 눈일 터. 끝내 생긴 대로 산 셈이었다. 지명의 고개를 넘어서야 통절하게 깨달았다. 모두 내 탓이라는 걸.

탓만 하며 살기엔 남은 시간이 많지 않다. 불운을 행운으로 바꾸는 건 의외로 간단할 수 있다. 바깥의 시선으로 나를 보는 게 아니라 내 안의 시선으로 나를 보는 눈. 성공이 목표가 아니라 행복을 기준으로 삼는 결단. 어느 시인의 말대로 "내 앉은 자리를 꽃자리"로 여기는 겸허. 그걸 깨닫는 데 오십 년이 걸렸다.

마음을 고쳐먹으니 자족의 평화가 찾아왔다. 생애 잊지 못할 한마디는커녕 이렇다 할 좌표도 없이 더러는 불성실하고 더러는 부정직하게 살았으나 경계를 넘지는 않았다. 진수성찬의 밥상은 아니었으나 다리 뻗고 잠자리에 누울 수 있는 떳떳한 밥이었다. 한세상 이름을 떨치지 못했으나 부끄러울 일이 없었고 이웃과는 그럭저럭 허물없이 살았다. 자식들은 순한 데다 앞가림이 착실하니 무엇을 더 바라겠는가. 이만하면 괜찮다. '꽃자리'다.